KB070539

단편적인 것의 사회학

단편적인 것의 사회학

斷片的なものの社会学

기시 마사히코 岸政彦 지음

김경원 옮김

위즈덤하우스

한국 독자에게 드리는 글

　　　　이 조그만 책이 한국어 번역본으로 나온다
는 소식을 듣고 몹시 기뻤습니다. 아직 가 본 적 없는 나라(이렇
게 가까운데도!)에 사는, 아직 만나 본 적 없는 사람들이 내가 쓴
책을 읽어 준다고 생각하니 진심으로 행복합니다.

　나는 어릴 적 '말 전하기 놀이'라는 게임을 무척 좋아했습니
다. 초등학교 소풍 같은 때 자주 하는 놀이인데, 한국에도 비슷
한 것이 있다고 들었습니다.

　모두 한 줄로 늘어선 다음 맨 처음 사람이 다른 사람들에게
들리지 않도록 약간 긴 문장을 바로 옆 사람에게만 살짝 귓속말
로 전합니다. 그러면 그 사람도 똑같이 다른 사람에게 들리지
않도록 작은 소리로 전해 들은 문장을 자기 바로 옆 사람에게
속삭입니다.

　전하는 말이 마지막까지 다 전해졌을 때 맨 처음 사람이 맨
처음에 말한 문장을 발표합니다. 다음으로 맨 마지막 사람이 자
기가 전해 들은 문장을 발표합니다. 사람 수가 많으면 많을수

록, 문장이 길면 길수록, 맨 처음 문장과 맨 마지막 문장은 믿을 수 없을 만큼 달라져 있습니다. 달라져도 너무 달라져 있는 문장에 놀이 때마다 무심코 웃음이 터져 나옵니다.

일본이나 한국뿐 아니라 세계 어디에나 비슷한 놀이가 있습니다. 어째서 이런 단순한 게임이 세계 곳곳에서 사랑받고 있는 것일까요?

이 게임을 통해 우리가 얻을 수 있는 교훈은 두 가지입니다. 우선 전해지는 과정에서 이야기는 반드시 변화하기 마련이며 본래의 모습 그대로 머물 수 없다는 것입니다. 이는 우리가 무언가를 전달하는 일이 얼마나 어려운지를 드러내 줍니다.

또 하나의 교훈은 의미를 전달할 때 잡소리(noise)가 섞이거나 의미 자체가 변화해 버리는 것이 꼭 나쁘기만 하지는 않다는 것입니다. 말하자면 그것은 모두들 웃음을 터뜨리는 재미있는 일이기도 합니다.

우리가 살아가는 사회에서는 의미가 잘못 전해지거나 의미에 잡스러운 요사한 것이 달라붙는 것을 나쁘다고 말합니다. 물론 일본에 대지진과 쓰나미 같은 재해 또는 원자력 발전 사고가 일어났을 때는 인터넷을 통해 대단히 악질적인 유언비어가 퍼졌습니다.

그러나 딱 정해져 고정되어 있는 의미밖에 전할 수 없는 세계 역시 숨 막히는 세계라고 생각합니다.

이 책은 콕 짚어 내세울 만한 주제나 내용이 담겨 있지 않습니다. 글자 그대로 단편적인 에피소드를 주욱 늘어놓고, 그것을 통해 '살아간다는 것은 무엇인가?'라는 물음에 관해 생각한 책입니다. 이렇게 흐리멍덩하고 애매모호한 책이다 보니 일본에서 간행된 이래 실로 각양각색의 방식으로 읽히고 있습니다. 글을 쓴 나조차 깜짝 놀랄 만한 감상을 들은 적도 꽤 있지요.

나는 지금 이 책이 처음으로 국경을 넘어 다른 언어에 의해 번역이 이루어지는 것을 고대하고 있습니다. 하지만 그것은 이 책이 잘 전달되리라는 기대라기보다는 나조차 생각해 보지도 못한 방식으로 읽히리라는 기대를 말합니다. 번역이란 그저 의미를 있는 그대로 전달하는 것이 아니라 의미를 새롭게 덧붙이는 것이라고 생각합니다.

부디 이 자그마한 책에 빼곡하게 기술해 놓은 자그마한 에피소드에 독자 여러분의 의미를 덧붙여 주시기를, 그리고 그것이 언젠가 내게도 전해지기를….

2016년 8월

기시 마사히코

아버지, 개가 죽었어.

오키나와 현 남부의 낡은 주택가. 조사 대상자의 집에서는 새 벽까지 인터뷰가 이어졌다. 중간에 마당에서 아들이 외치는 소 리가 들렸다. 동물을 사랑하는 나는 몹시 놀라고 당황했지만 구 술자는 몇 초쯤 침묵하더니 한순간 중단했던 이야기를 다시 이 어 갔다. 괜찮겠느냐고 물었더니 "그럼요, 괜찮아요" 하는 한마 디뿐이었다. 마치 아무 일도 없었다는 듯 인터뷰는 이어졌고, 그 일에 대한 언급은 전혀 없이 인터뷰를 마쳤다. 나하(那覇)에 잡아 놓은 호텔로 돌아왔다. 그 후 구술자와 다시 만나는 일은 없었다.

2013년 『동화와 타자화 — 전후 오키나와의 본토 취직자들(同 化と他者化─戰後沖縄の本土就職者たち)』이라는 책을 냈다. 고도성장 시대에 젊은이들은 오키나와를 떠나 돈벌이를 위해 본토에서 개인 또는 집단으로 취직했다. 하지만 그들 대다수는 이후 '일 본인'이 되지 못한 채 유턴해 돌아오고 말았다. 그들은 도쿄나 오사카에서 어떤 일을 했을까? 어떤 생활을 꾸려 갔을까? 그

들의 '일본' 체험은 어떠했을까? 왜 그들은 대부분 나중에 오키나와로 돌아와야 했을까? 이 책은 당시 본토 이동과 유턴을 경험한 사람들의 자세한 체험담을 듣고 나서 한 권의 책으로 엮어낸 것이다.

사회학을 연구하는 방법에는 여러 가지가 있지만, 내 경우에는 한 사람씩 찾아가 어떤 역사적 사건을 체험한 당사자 개인의 생활사를 듣는 방식을 취하고 있다. 그래서 이제까지 적지 않은 사람들의 이야기를 기록해 왔다.

『동화와 타자화』는 오키나와 사람들의 개인적인 서사를 통해 전후 오키나와 역사의 단면을 그려 낸 책이다. 또한 2014년에는 『거리의 인생(街の人生)』이라는 책을 썼다. 노숙자, 섭식 장애자, 마사지 걸, 외국인 게이, '뉴 하프(new-half)'* 등 다섯 사람의 구술을 모은 책이다. 『동화와 타자화』에서는 오키나와 사람들의 구술과 전후 오키나와의 역사를 나란히 놓고 대담하게 해석한 반면, 『거리의 인생』에서는 일체 해석을 가하지 않았다. 구술한 내용을 거의 고치지 않고 그대로 수록했다.

앞머리에 쓴 이야기는 『동화와 타자화』를 쓰기 위해 오키나

---

* 남성으로 태어나 인위적으로 여성으로 살거나 여성의 모습으로 접객업이나 유흥업에 종사하는 사람을 일컫는다. 현대 일본의 신조어.

와에서 구술 조사를 하다가 현장에서 체험한 정경이다.

난 오키나와 출신이 아니다. 내지인, 야마토인, 또는 '일본인' 등 명칭이 다양한데, 여하튼 오키나와 사람이 보기에 나는 외지 사람이다. 조사 작업의 초창기인 젊은 시절에는 오키나와에 아는 사람도 없고 연줄도 하나 없어 구술자를 찾느라고 고생이 말이 아니었다. 조사를 끝내고 나서도 구술 내용을 어떻게 해석해야 할지 몰라 끝없는 회의와 망설임과 한숨이 그치지 않았다. 개인의 이야기를 외부인인 내가 멋대로 해석해도 좋은지에 대해 딱히 답이 있을 리 없다. 더구나 나로 말할 것 같으면 오키나와에 기지나 빈곤을 '강요하는' 당사자가 아닌가.

따라서 나의 해석에서 벗어나는 이야기나 에피소드를 한편으로는 어떻게든 '사회학'이라는 학문의 범위 안에 들어가도록 분석을 가하지만(이 일도 물론 매우 중요하다), 다른 한편으로는 될수록 그 자체로 소중하게 여기자고 마음먹는다. 아니, 오히려 협소한 내 이론이나 이해의 범위를 벗어나야 진정으로 인상 깊은 이야기나 에피소드일 수 있다.

앞에 나온 개의 죽음을 둘러싼 에피소드는 당시 50대 남성과 인터뷰하는 도중에 일어난 일이다. 구술의 내용은 『동화와 타자화』에 실려 있지만 예고 없이 '바깥에서' 들려온 갑작스런 장면에 대해서는 아무것도 쓰지 않았다.

그러나 그날 밤 이후 15년이 지난 지금도 마당에서 들려온 아들의 목소리, 순간적으로 구술을 멈추었을 때 그가 지은 표정, 그리고 그 당시 마루의 크기나 가구의 배치 등을 선명하게 떠올릴 수 있다.

인터뷰 도중 개가 죽은 일은 오키나와의 역사와 사회, 사회학이라는 학문, 사회 조사 방법론 및 이론 등 조사 작업과는 전혀 관계없이 일어난 사건이다. 그러나 무슨 까닭인지 나는 이 사건을 잊을 수 없다. 오히려 인터뷰 내용보다 더 잘 기억하고 있다.

그 개는 얼마나 귀여움을 받았을까? 시체는 어떻게 묻었을까? 놀라울 만큼 담담하게 그 일을 넘겨 버린 구술자는 인터뷰가 끝난 다음에 조용히 눈물을 흘렸을까? 아들은 냉담한 아버지의 태도에 상처를 받았을까? 이런 물음이 뇌리를 떠나지 않는다.

나아가 그곳에 있었던 사람이라면 누구나 평범하게 떠올릴 생각보다 내 마음을 더욱 끌어당기는 것은 바로 이 사건의 '무의미함'이다. 이 개의 죽음은 내게 갑작스럽고 이해할 수 없는 일이었다. 구술자에게도 분명 그러했을 것이다. 본토에서 온 사회학자가 인터뷰를 위해 자택에 방문한 바로 그날 밤, 집에서 기르던 개가 죽었다. 몇 초의 침묵만 흘렀을 뿐 아무 일도 없었다는 듯 흘려보낸 까닭은, 그 자리에 있던 나와 구술자 모두에게 그 일이 대화 속에 끼워 넣을 수도 없고 이해할 수도 없는 사건이기 때문이었을 것이다. 마치 남아메리카 작가의 작품처럼,

'무슨 일이 쓰여 있는지는 또렷이 이해할 수 없지만 묘하게도 기억에 남는 단편소설' 같은 밤이었다.

유치원에 다닐 무렵 기묘한 버릇이 있었다. 길 위에 굴러다니는 무수한 돌맹이 가운데 아무것이나 적당히 주워 몇 십 분 동안 지그시 바라보는 버릇이었다. 이 드넓은 지구에서 '이' 순간에 '이' 장소에서 '이' 나에게 주워 올려진 '이' 돌…. 무엇과도 바꿀 수 없음과 무의미함에 난 전율할 만큼 한없이 감동했다.

통계 데이터를 활용하거나 역사적 자료를 뒤적이거나 사회학적 이론 틀로 분석하는 것이 내가 하는 작업이다. 하지만 정말 좋아하는 일은 분석할 수 없는 것, 그냥 그곳에 있는 것, 색이 바래서 잊혀 사라지는 것이다.

난 인터넷을 뒤적거리면서 일반인들이 쓴 방대한 양의 블로그나 트위터를 쳐다보는 것을 좋아한다. 마치 물가로 떠내려온 말라비틀어진 나뭇조각처럼 5년이나 업데이트하지 않은 블로그에서는 어떤 아름다움이 묻어난다. 공장이나 호텔이 우뚝 서 있던 '폐허'를 좋아하는 사람도 많지만, 아무리 드라마틱하다 해도 그런 것은 별로 좋아하지 않는다. 그보다는 이를테면 어딘가 학생이 쓰다 만 것 같은 '점심밥 나우(now)' 같은 중얼거림에 진정한 아름다움이 있다. 그에 비하면 개의 죽음은 적잖이 강한 인상을 남긴 에피소드이다. 어쩐지 그 일만큼은 아무리 해도 어떤 '스토리'로 정리하지 못하고 있다. 돌멩이도, 블로그도, 개의 죽음도 내 해석과 이해의 그물을 슬쩍 빠져나가 버린다. 그것들은 그저 그 자리에 있다.

여기에는 다 쓸 수 없지만 구술 조사의 현장에서는 이렇듯 갑작스럽고 이해할 수 없는 사건이 수없이 일어난다. 그렇게 이해할 수 없는 일들은 구술 현장뿐 아니라 일상생활에도 일일이 셀 수 없을 만큼 널려 있다. 사회학자로서는 실격일지 모르지만, 언젠가 '분석할 수 없는 것'만 모아서 책을 내고 싶다는 생각을 품고 있었다.

사회학자로서 구술을 분석하는 일은 지극히 중요한 작업이다. 그러나 이 책에서는 내가 아무리 용을 써도 분석할 수도 없고 이해할 수도 없는 것을 모아 언어화하고자 했다. 테마도 각각, 순서도 뒤죽박죽, 문체나 스타일도 들쑥날쑥하다. 그렇지만 이 세계 도처에 굴러다니는 무의미한 단편에 대해, 또는 그러한 단편이 모여 이 세계가 이루어져 있다는 것에 대해, 나아가 그러한 세계에서 다른 누군가와 이어져 있다는 것에 대해 생각나는 대로 적어 보고자 한다.

일러두기

1. 이 책은 岸政彦, 『断片的なものの社会学』(朝日出版社, 2015)를 완역한 것이다.
2. 주는 모두 옮긴이가 작성한 것으로 각주로 처리했다.

차 례

인생은

단편적인 것이
모여

이루어진다

벌써 10년이나 지난 일일 것이다. 어느 날 밤늦은 시간에 텔레비전 인터뷰 프로그램에 칼럼니스트 아마노 유키치(天野祐吉)가 나왔다. 진행자는 지쿠시 데쓰야(筑紫哲也)였던 것 같다. 이란인지 이라크인지에 관해 이야기를 하다가 지쿠시 데쓰야가 "그곳의 부상자가" 하고 말했을 때 아마노 유키치가 작은 소리로 "부산자?" 하고 말했다 지쿠시 데쓰야는 "아니, 부상자 말입니다" 했고, "아, 네" 하는 흐름으로 그다음 이야기가 이어졌다.

이미 밝힌 바 있듯 나는 사회학을 연구하는 사람이다. 특히 사람들과 직접 만나 한 사람 한 사람의 이야기를 듣는 방식을 통해 사회학을 연구한다. 주요 전문 분야는 오키나와지만, 그밖에 피차별 부락*에서도 구술 작업을 진행하고 있다. 또한 인

---

* 에도 시대에 형성된 피차별민 주거 부락. 직업, 신분, 주거가 고정적이었으며, 혼인이나 취직에 차별을 받았다.

생에서 만난 다양한 사람들에게 종종 개인적으로 구술을 부탁할 때도 있다. 나아가 '소수자'로 불리는 사람뿐만 아니라 교원, 공무원, 대기업 사원 등 안정된 삶을 손에 넣은 사람들로부터도 살아온 이야기를 듣고 있다. 대상이 어느 쪽이든, 개인의 생활사를 채록하면서 사회에 관해 생각해 온 셈이다.

조사자로서 나는 구술을 들려준 사람들과 개인적으로 친구가 되는 일도 흔하고, 거꾸로 개인적인 친구에게 새삼스레 인터뷰를 요청하는 일도 드물지 않다. 그러나 대체로 나와 조사 대상자의 만남이나 연결은 단편적이고 일시적이다. 다양한 연줄을 더듬어 낯모르는 사람에게 1시간이나 2시간 정도 인터뷰를 부탁한다. 나와 사람들은 이 짧은 시간 동안에만 연결된다. 한정된 시간 속에서 그 사람의 인생 가운데 몇몇 단편적인 이야기를 듣는다. 인터뷰가 끝난 다음 두 번 다시 못 만나는 사람도 많다. 얼굴도 이름도 모르는 사람과 전화로 인터뷰를 한 적도 몇번이나 있다.

이러한 단편적인 만남을 통해 이야기를 들은 단편적인 인생의 기록이 그대로 그 사람의 인생이라고 한다거나 그대로 그 사람이 속한 집단의 운명이라고 일반화하고 전체화하는 것은 일종의 폭력이다.

우리 사회학자가 할 일은 남의 이야기를 분석하는 일이다. 한마디로 그러한 폭력과 무관할 수 없다는 말이다. 사회학자가 이 문제를 어떻게 받아들이느냐는 사회학자 각 개인의 과제일 테지만.

사회학자는 이런 일을 하는 사람이다. 하지만 일을 떠나 구술 조사로 얻어진 단편적인 만남의 단편적인 이야기 자체, 즉 전체화할 수도 없고 일반화할 수도 없는 인생의 파편에 강하게 매혹당할 때가 있다.

물론 조사 작업이 아니더라도 일상적인 생활 가운데 그러한 파편과 만날 때가 자주 있다. 분석할 수도 없고 일반화할 수도 없는 이들 '자그마한 것들'에 내가 과잉의 의미를 멋대로 부여할 수는 없다. 그것들에는 독특한 반짝거림이 있다. 또 새로운 상상이 번져 나오기도 하고, 또 다른 이야기가 풀려 나오기도 한다.

구술 조사를 위해 낡은 주택 단지를 찾아간 적이 있다. 그 단지에 사는 70대 남성에게 이런 이야기를 들었다. 그는 전후에 간사이 지역의 카바레를 전전하던 뮤지션이었다고 한다. 유행가를 부르는 쇼와 시대 유명인들의 등 뒤에 서서 동이 틀 때까지 반주를 했다고 한다. 나도 20년 전쯤 오사카의 클럽이나 라이브하우스에서 재즈를 연주했기 때문에 공통으로 아는 가게나 사람이 있었다. 그 바람에 인터뷰의 분위기는 달아올랐다.

그 남성은 뮤지션을 그만두고 나서 밤의 세계에서 형성한 인

맥을 더듬어 이런저런 장사를 시작했다. 그리고 어느 날 갑자기 자취를 감추었다.

몇 년 뒤 아내 곁으로 돌아온 그는 졸지에 부자가 되어 있었다고 한다. '도쿄에서 부동산업에 손을 댔다'고 하는데 확실치는 않다. 그 후 신흥 종교의 교주가 되었고, 그다음 이런저런 파란을 겪으면서 결국은 재산을 다 잃었다. 현재는 아내와 둘이서 간사이 변두리의 작고 오래된 단지에서 담담하게 살고 있다.

인터뷰가 끝날 무렵, 그는 불현듯 일어나더니 방 안쪽의 맹장지를 힘차게 열어젖혔다. 거기에는 스무 벌가량이나 되는 멋진 밍크 가죽 코트가 죽 걸려 있었다. 그는 동행했던 내 아내를 향해 이렇게 말했다.

"언니야, 한 벌 줄 테니까 마음에 드는 것으로 골라."

물론 정중하게 거절했다.

그렇다고 해도 '이런 것이 인생이구나' 하는 생각이 들었다. 물론 차별이나 빈곤과 싸우는 과정에서 필사적으로 선택한 인생이다. 제3자가 어설프게 좋다느니 나쁘다느니 입 밖에 낼 일은 못된다. 그렇지만 그의 생활사 구술은 언제까지나 머릿속에 남아 있다. 결국 어떤 논문이나 보고서에도 끌어다 쓰지는 못했지만.

마루야마 사토미(丸山里美)의 『여성 노숙자로서 살아가다 ─ 빈곤과 배제의 사회학(女性ホームレスとして生きる─貧困と排除の社会学)』은 틀림없이 일본에서 유일하게 여성 노숙자를 다룬 사회학 책일 것이다. 저자는 여성 노숙자를 지원하는 시설뿐 아니라 실제로 그녀들이 살고 있는 공원에 자주 들러 때로는 침식을 같이 하며 생활사 구술을 풍성하게 채록했다.

주부로서 안정적인 생활을 누리던 여성이 갑자기 거리로 내쫓긴다. 창업하여 사장 노릇을 해 본 사람도 있다. 극빈 가정에서 태어나 제대로 교육도 못 받고 계속 밑바닥 생활을 해 온 여성도 있다. 신체장애나 정신장애, 지적 장애를 가진 사람도 있다.

어떤 여성은 가난하게 살다가 어떤 남성과 결혼해 남편의 아이를 키우고 있었다. 그런데 남편이 형무소에 들어가자 '왜 내가 남의 아이를 키우고 있을까'라는 의문을 품고 어느 날 갑자기 집을 뛰쳐나와 몇몇 일자리를 전전하다가 현재는 공원에서 살고 있다.

우리 삶의 바탕에 있는 '관계의 취약성'을 느낀다. 좋다 나쁘다는 이야기가 아니다. 이것이 우리의 삶이라는 말이다.

시간 강사를 하며 근근이 살아가고 있었을 때 강의를 나가던 대학에서 어떤 여학생을 만났다. 아주 붙임성이 좋은 성격이라 아내와 내가 둘이 살던 집에도 몇 번이나 놀러 왔다.

그녀에게는 부모가 없었다. 돌아가신 것이 아니라 어릴 적에 부모님이 각각 다른 배우자를 만나 배다른 형제를 낳고 딴 가정을 꾸렸던 것이다.

남겨진 그녀를 포함한 다섯 남매는 아이들끼리 살아가야 했다. 고등학생이었던 맏언니가 부모님을 대신했고, 모든 형제가 교대로 아르바이트를 하거나 가사를 맡으며 어린 동생들을 돌봤다. 밥은 지어 먹거나 어딘가에서 사 왔다. 가까운 곳에 살았던 어머니가 반찬을 가져다주기도 했다. 그런 식으로 안간힘을 쓰며 매일매일 가까스로 살아갔다.

집을 나간 아버지는 '고지식한 옛날 사람'이라 곤경에 빠진 사람을 보면 그냥 지나치지 못하는 성격이었다. "저 말이야, 얼마 동안만 이 할머니와 같이 지내라." 아버지는 갈 곳 없는 노인을 제 맘대로 데려왔다. 자기가 나가 버려 아이들끼리 살고 있는 집에다가…. 아침에 일어나 낯모르는 할머니가 옆에 누워 있는 것을 보면 어린 동생들은 깜짝 놀라 울거나 소리를 질렀다. 하지만 그것도 금방 일상적인 풍경이 되어 버렸다. "결국 그 할머니의 장례식을 우리 집에서 치렀어요." 언젠가는 누구 아이인지도 모르는 갓난애를 한동안 아이들끼리 키운 적도 있었다.

그 밖에도 이런저런 에피소드를 들었다. "네 얘기를 들으면 참 재미있구나. 언젠가 내가 책에다 써도 될까?", "그럼요, 좋고 말고요. 얼마든지 쓰세요."

그녀와 안 만난 지 몇 년이나 지났다. 가끔 생각날 때마다 잘 지내고 있는지 궁금하다. 잘 있겠지 싶어 연락하지는 않지만, 휴대 전화에 남아 있는 연락처는 절대로 지우지 않으려고 한다.

마지막으로 만난 것이 언제였더라? 8, 9년 전 섣달 그믐날 한밤중에 갑자기 전화가 왔다. 지금 댁으로 찾아가도 되느냐고 물었다. 좋다고 하니까 금세 양손에 꽃다발을 들고 현관 앞에 모습을 드러냈다. 깜짝 놀라 문을 열어 주었더니 성큼성큼 집 안으로 들어왔다. 흙이 묻은 두 손으로 주변에 있던 꽃병에 꽂히는 만큼만 꽃을 꽂고 나머지는 식탁이 넘치도록 한가득 내려놓았다. "실례했어요. 새해 복 많이 받으세요." 그녀는 차도 마시지 않고 그냥 돌아갔다. 섣달 그믐날 노점에서 꽃 파는 아르바이트를 했는데 팔고 남은 꽃을 전부 가져왔다고 한다.

일 때문에 자주 오키나와 섬의 나하에 가곤 한다. 며칠 전 2주일쯤 나하에 머물렀다. 밤늦게 현청 근처부터 우라조에(浦添) 시 바로 앞까지 국도 58호선을 따라 걸었다. 돌아오는 길에 도마리(泊) 부두에 있는 커다란 리조트 호텔 앞을 지나갔다.

거대하고 깜깜한 호텔 벽에 규칙적으로 창이 나 있다. 창이 나 있는 곳이 마침 엘리베이터 홀이다. 세로로 늘어서 있는 창 너머로 각 층의 엘리베이터 문이 조그맣게 보인다. 걷고 있는 나와 그 창들 사이의 거리는 수백 미터나 된다.

아무 생각 없이 그 창들을 바라보며 걷고 있자니 7, 8층쯤 되는 한군데 창에 엘리베이터가 멈추고 문이 열렸다. 엘리베이터를 타는 누군가의 머리가 살짝 보였다. 엘리베이터의 문은 금방 닫혔고, 그때 나는 이미 호텔 앞을 지나쳐 버렸다.

몇 초밖에 안 되는 순간에 일어난 일이었다. 그저 순간적으로 그런 광경을 보았다. 그뿐이다. 그런데 이때 난 누군지도 모르는 타인과 호텔 엘리베이터에 '함께 올라탔다'고 생각한다. 얼굴도 이름도 성별도 나이도 하나도 모를 뿐 아니라 오키나와에 온 이유도, 엘리베이터에 탄 목적도 모르는 누군가와…. 아는 것이 하나도 없는 낯모를 누군가가 우연히 그 호텔 몇 층에 있는 엘리베이터에 올라타는 순간을, 밤거리를 걷다가 목도했다. 그 일은 나밖에 모른다.

아까 말한 것처럼 초등학교에 들어가기 전부터 요상한 버릇이 있었다. 길에 굴러다니는 돌멩이를 적당히 집어 들고 언제까지나 그 돌을 지그시 바라보는 버릇이었다. 내 정신을 쏙 빼놓은 것은 바로 무수한 돌멩이 중 하나일 뿐이었던 그것이 '이 돌멩이'가 되는 신비로운 순간이었다.

난 한 번도 돌멩이에 감정이입을 한 적은 없었다. 이름을 지어 의인화하거나 자신의 고독을 투영하거나 돌멩이와 나누는 은밀한 대화를 상상한 적은 한 번도 없었다. 근처 길거리에 굴러다니는 무수한 돌멩이 가운데 무작위로 하나를 골라 손바닥에 올려놓고 얼굴을 가까이 들이밀고 의식을 집중시켜 응시하고 있으면, 점점 별다른 특징도 없는 돌멩이의 형태, 색깔, 무늬, 표면의 모양, 흠집 등이 한껏 선명하게 떠오른다. 그래서 다른 어떤 돌멩이와도 다른, 이 세상에 하나밖에 없는 '이 돌멩이'가 되는 순간이 찾아온다. 그때 이 돌멩이가 세상의 어떤 돌멩이와도 다르다는 사실이 뚜렷해진다. 그 점에 도취해 있었다.

나아가 이 세상의 모든 돌멩이가 각각의 형태, 색깔, 무늬, 모양, 흠집을 가진 '이 돌멩이'라는 것, 그런 상상을 훨씬 뛰어넘은 '방대함'을 필사적으로 상상하고자 했다. 감정이입도 없고 의인화도 없는 곳에 존재하는, 그리고 '모든 것'이 '바로 이것'이라는 그 단순한 엉뚱함. 그 속에서 개별이라는 것이 지닌 무의미함.

이것은 '아무런 의미도 없는 것처럼 보이는 것도 손에 들고 들여다보면 그 무엇과도 바꿀 수 없는 고유한 존재라는 점이 명확해진다' 같은 흔해 빠진 '발견의 스토리'가 아니다.

내 손바닥에 올려놓은 돌멩이는 그 하나하나가 둘도 없는, 세계에 하나밖에 없는 것이었다. 그리고 세계에는 하나밖에 없는 것이 온 천지 길바닥에 무수하게 굴러다니고 있다.

누구에게도

숨겨 놓지 않았지만,
누구의 눈에도

보이지 않는 것

몇 년이나 지난 일인데, 예전에 유흥업소에서 일하던 아가씨와 구술 채록을 하기로 했다. 그녀의 친구 세 명과 함께 노래방 근처에서 만나 인터뷰를 하려고 했더니, "선생님, 러브호텔에서 (취재를) 하지 않을래요?" 하고 제안했다. 그래서 셋이서 미나미에 있는 러브호텔에 들어간 적이 있다. 결혼한 뒤 유흥업소를 그만둔 그녀는 그 당시 출산을 앞둔 임산부였기 때문에 멀리서 보더라도 눈에 띄게 배가 불렀다.

그녀의 남편은 전에 있던 유흥업소의 주인으로 현역 야쿠자였다. 인터뷰하는 장소가 장소인 만큼 제발 여기에서 산기가 동하지 않기만을 두 손 모아 빌었다.

이러한 무의미한 에피소드는 이 밖에도 무진장 있다. 논문이나 보고서, 책에는 쓰지 않았지만 어쩐지 기억에 또렷이 남아 있다. 인터뷰 내용도 겉으로 발설할 수 없는 이야기까지 포함해 아주 재미있었다. 단지 평범하게 살아가는 것만으로도 사람이란 가지가지를 체험한다는 생각이 들었다.

어떤 사람이든 다양한 '서사'를 내면에 담고 있다. 그 평범함, 보통다움, '아무것도 아님'과 접촉하는 것만으로도 가슴이 마구 쥐어뜯기는 것 같다. 우메다 번화가에서 옷깃이 스친 셀 수 없이 많은 사람들이 각자에게 '아무것도 아닌, 보통의' 이야기를 붙안고 살아가고 있다. 평소에는 다른 사람들의 눈에 보이지 않는 숨어 있는 인생의 이야기가 구술 채록의 현장에서 모습을 드러낸다. 그리고 그 현장에서조차 뜻하지 않게 이야기가 늘 새롭게 생겨나고 있다.

그러나 실은 이런 이야기가 딱히 숨어 있는 것은 아니지 싶다. 그것은 언제나 우리 눈앞에 있고, 우리는 언제나 그것과 접촉할 수 있다. 우리가 눈으로 보면서도 알아채지 못하고 있는 것은 얼마든지 있다.

가공의 이야기를 쓴다.

어느 젊은 부부가 있다. 하루하루 평온하게 살아가고 있다. 어느 날 남편이 여행이라도 다녀오자고 아내에게 제안한다. 스케줄을 맞추어 휴가를 얻었다. 신혼여행 이후 처음으로 둘만의 여행을 떠나는 것이다. 두 사람이 선택한 곳은 근교에 있는 한적한 온천이다. 온천을 세 군데쯤 둘러보면서 1주일쯤 느긋하게 쉬고 오기로 한다. 처음에는 흥청망청 쓸 돈이 어디 있느냐고 하던 아내도 인터넷으로 숙소와 온천을 알아보는 사이에 서서히 마음이 들뜨기 시작한다.

여행을 떠나기 전, 소심하고 걱정 많은 아내는 진지하게 빈집 대책을 궁리한다. 온갖 방범 물품을 검색했지만 등이 켜지는 데 그치거나 창문에 쓸데없이 열쇠를 채우는 등 딱히 이거다 싶은 것이 없다.

남편에게는 비밀로 하고 아내는 그들의 자연스러운 평소 생활을 녹음하기 시작한다. 아침이나 저녁 시간 둘만 있을 때 나는 발소리. 밥을 짓거나 세탁 또는 청소하는 소리. 전화 받으라고 부르는 소리. 택배 받는 소리. 이웃 초등학교에서 운동회를 앞두고 연습하는 소리. 창가 아래에서 귀가하는 중학생들의 재잘거림. 쓰레기차가 지나가는 소리. 그리고 별 특별할 것 없는 두 사람의 대화, 대화, 대화…. 친정 엄마가 보내 준 물건이야. 이웃집 남자가 요전에 말이야. 저쪽에 새로 생긴 카페에 개가 있는데. 요즘에는 식탁 위에 꽃을 놓아두지 않는군. 이제 슬슬 전자레인지를 새로 사야 할 것 같아.

여행을 떠날 때 아내는 이 음성 데이터를 컴퓨터에 저장한 다음 한없이 플레이어를 재생시켜 스피커로 흘러나오게 해 둔다. 방에 불도 켜 놓는다. 이렇게 1주일 동안 누군가 집 안에 있는 것처럼 위장해 둔다.

그런데 두 사람은 사고를 당해 여행지에서 사망한다. 자동차가 굴러 떨어지는 찰나, 두 사람은 무엇과도 바꿀 수 없는 예전의 생활로 다시는 돌아갈 수 없다는 것을 깨닫는다. 그 한순간에 갇혀 버린 채, 저 평화로운 방에서 별일 없이 지내던 삶은 두 번 다시 누릴 수 없다는 것을 깨닫는다.

자동차는 깊은 계곡의 밑바닥에 처박힌다. 얼마 동안은 사고가 일어났다는 것조차 아무도 알지 못한다. 차량이 발견되고 나서도 그들의 신원은 쉽게 밝혀지지 않는다.

그 후 어느 정도 시간이 지나 경찰이나 부동산 관리 회사가 들어오기 전까지 전등이 켜져 있는 무인(無人)의 방 안에는 두 사람의 목소리만 흐르고 있다. 별스러울 것 없는 두 사람의 대화, 대화, 대화…. 친정 엄마가 보내 준 물건이야. 이웃집 남자가 요전에 말이야. 저쪽에 새로 생긴 카페에 개가 있는데. 요즘에는 식탁 위에 꽃을 놓아두지 않는군. 이제 슬슬 전자레인지를 새로 사야 할 것 같아.

아무도 없는 방 안에서는 평온하고 덤덤한 생활의 소리가 끊임없이 재생되고 있다. 어느 날 사람들이 그 방에 들어와 두 사람의 목소리를 듣는다. 그리고 이미 이 세상에 없는 사람들이 미처 생각지도 못한 형태로 남겨져 있다는 것을 안다.

존재하는 것은 영원히 사라져 버리지만 다른 형태로 우리에게 남겨진다. 낭만적인 이야기, 또는 향수에 잠긴 이야기에 깃든 하나의 패턴은 아마도 이것이다. 두 사람의 목소리는 이른바

유품이다. 두 사람이 평범하게 살고 있을 때 그것은 타자에게 아무런 가치도 없다. 특별할 것이라고는 찾아볼 수 없는, 전적으로 평범한 일상이지만, 화자가 사라짐으로써 비로소 일상적이고 별 뜻 없는 대화가 다시는 돌이킬 수 없는 것, 가장 소중한 유물로 변한다.

누군가 끼고 있던 아무런 특징도 없는 반지가 누군가 죽은 다음에 가장 소중한 의미를 지니는 것으로 바뀌는 것처럼. 이 두 사람의 무심한 일상적인 대화가 우리에게 특별한 의미를 지니는 까닭은, 두말할 나위도 없이, 두 사람이 이제는 이 세상에 없고, 그 사실을 우리가 '알고 있기' 때문이다.

전혀 의미가 없는 범용한 존재가 어느 비극이나 상실을 계기로 중요한 의미를 띤다. 이것이 이 드라마의 구조다.

그러나 더 나아가 나는 이 범용한 것이 범용한 채 그대로 있었다면 과연 어떠했을까를 생각한다.

두 사람이 무사히 온천 여행에서 돌아왔다고 하면 어떠했을까. 오랜만에 여유롭게 즐기던 여행을 끝내고, 아무 일도 없이 자그마한 아파트로 돌아와 열쇠를 따고 방 안에 발을 디딘다. 두 사람은 아마도 스피커에서 흘러나오는 자기들의 목소리를 듣고 웃을 것이다. 그 음성 데이터가 제대로 방범의 역할을 해준 것에 감사할 것이다. 아내가 정지 버튼을 클릭하고 난 다음, 두 번 다시 그 데이터를 재생하는 일은 없을 것이다.

이때 그 음성 데이터에 담긴, 그 무엇과도 바꿀 수 없음은 당사자 두 사람에게조차 존재하지 않는 것이 된다. 그것은 변함없이 이어지는 두 사람의 범용한 생활, 그 일부로서 금방 잊히고 만다.

그렇지만 우리는 이미 또 하나의 현실을 알고 있다. 두 사람의 자동차가 깊은 계곡 밑바닥으로 굴러 떨어진 저 현실을…. 그때 무인의 방에 흐르던 두 사람의 대화는 누구에게도 들리지 않은 채, 우리들에게 통절한 것으로 남는다. 그러므로 더욱 통절한 것은 아무 일도 없었던 이 현실이다. 이 현실에서는 두 사람의 일상적인 대화에 담긴 그 무엇과도 바꿀 수 없음이 두 사람에게조차 알 수 없는 것이 된다. 나아가 '우리'도 그 무엇과도 바꿀 수 없음을 알 수 없다. 이 서사 안에서는, 저 무인의 방에 흐르고 있던 대화가 두 사람에게도, 또 '우리'에게도, 이른바 이중으로 무의미한 것이 된다.

그러나 앞에서 한 이야기가 존재하지 않는다면 더 낭만적인 현실이 나타날 것이다. 내가 앞에 쓴 이야기에 의해 우리는 두 사람에게 '무슨 일'이 일어나는 현실도 있을 수 있다는 것을 알고 있으며, 아무도 없는 방에 이미 잃어버린 평온한 삶의 메아리만 울리고 있는 광경도 떠올리고 말았다. 그런 다음에 우리는 두 사람이 아무 일 없이 귀가한 세계에 대해 생각했다. 이 시점에서는 무엇과도 바꿀 수 없는 두 사람의 생활이 금방 시간의 흐름 속으로 사라져 버리고, 낭만적인 이야기 안에 두 번 다시 나오는 일은 없다.

그렇기 때문에 여기에서 가장 낭만적이거나 가장 노스탤지어를 자아내는 현실이란 무엇일까. 그것은 틀림없이 애당초 우리가 이 두 사람에 관해 아무것도 모르는 현실, 이 두 사람이 여행을 떠났는지 안 떠났는지 모르는 현실, 이 두 사람이 어떻게 되었는지, 죽었는지 무사히 살아 돌아왔는지 모르는 현실, 이 두 사람이 대화 소리를 녹음하거나 재생한 것도 전혀 모르는 현실이다.

앞에서 거론한 두 가지 이야기에서 아무 일 없이 귀가하는 세계가 그 무엇과도 바꿀 수 없다는 것은, 우리가 두 사람이 죽어 버린 세계에 대해 이미 알고 있다는 것을 전제하고 있다. 하지만 그 무엇과도 바꿀 수 없음은 알려지지 않음, 잃어버림으로써 드러난다. 그렇다면 무엇과도 바꿀 수 없는 것이란 본래 '우리'에게조차 처음부터 주어지지 않은 것이다. 잃어버리지도 않고 단절당하지도 않고, 알려지지도 않고 머릿속에 떠오르지도 않고, 어떤 감정을 불러일으키지도 않는 무언가일 뿐이다.

두 사람이 죽은 세계에서는, 그들의 대화가 그 무엇과도 바꿀 수 없다는 것을 우리도 알고 두 사람도 알고 있다. 두 사람이 아무 일 없이 무사히 돌아온 세계에서는 그 대체할 수 없음을 우리는 알지만, 두 사람은 알지 못한다. 그리고 두 사람의 존재가 주어지지 않은 세계에서는 그 바꿀 수 없음을 우리도 모르고, (말할 나위도 없이) 두 사람도 알지 못한다(아니, 애당초 존재하지도 않는다).

두 사람의 이야기는 내가 꾸며 낸 이야기다. 전부 거짓이다. 이런 두 사람은 어디에도 없다. 기껏해야 도난 방지나 하자고 부자연스러울 만큼 품이 드는 작업을 생각해 내는 사람은 거의 없을 것이다. 처음부터 우리에게는 아무것도 주어져 있지 않았고, 우리는 아무것도 잃지 않았다.

그리고 이런 일은 세계 어디에나 존재하고 있을 것이다. 미리 주어지지 않고, 따라서 잃어버리지도 않았기 때문에 우리 눈앞에 절대로 나타날 리 없는 것이 세계에 존재하는 것이다. 아무 일도 일어나지 않은 현실이 세계 곳곳에서 일어나고 있다. 우리가 매일 주고받는 아무렇지도 않은 대화는 색소폰 연주자 에릭 돌피(Eric Dolphy)가 음악에 대해 말한 것과 마찬가지로, 공기 속으로 사라져 두 번 다시 돌아오지 않는다. 그러나 더욱 감정을 불러일으키는 사실은 그것이 돌아왔다고 해서, 그 대화에 특별한 것은 아무것도 없다는 것이다. 낭만적인 것, 노스탤지어인 것을 철저하게 추구해 가면, 가장 낭만적이지 않은 것, 가장 노스탤지어가 아닌 것에 다다른다. 철저하게 무가치한 것이 어떤 비극에 의해 철저하게 가치 있는 것으로 변용되는 것이 낭만이라면, 가장 낭만적인 것은 그러한 비극조차 일으키지 않는다.

화가 헨리 다거(Henry Darger)의 작품이 저토록 우리의 감정을 흔들어 대고 온 세계의 경탄을 자아낸 이유는 양성구유*나 아동학대라는 모티브 때문만은 아니다. 도리어 그의 작품이 죽기 직전에 발견될 때까지 누구의 눈에도 띄지 않았다는 사실 때문이다. 그것은 하마터면 영원히 이 세계에서 사라져 버릴 참이었다. 믿을 수 없는 우연한 일이 몇 겹으로 겹쳐서 그것은 이 세계에 남았다. 그리고 우리에게 도착했다. 지금은 예술에 관심 있는 사람치고 헨리 다거의 이름을 모르는 사람은 없을 것이다.

아무도 없는 곳에서 쓰러진 나무는 어떤 소리를 냈을까? 이에 대한 대답이 1만 5000쪽에 걸쳐 남겨진 『비현실의 왕국에서 (In the Realms of the Unreal)』라는 서사이자, 비비언 걸스라는 이름을 가진 기묘한 여자아이들을 그린 대량의 그림이다.

헨리 다거의 인격이나 인생을 완전히 배제하고 그의 작품을 비평하는 것은 매우 곤란하다. 그럴 필요도 없을 것이다. 그것이 지극히 '특이한' 인물에 의해 그려졌다는 것, 그리고 그것을 자칫하면 잃어버릴 뻔했다는 것 자체가 그의 작품이 지닌 가치의 일부를 구성하고 있다. 만약 오늘날에 헨리 다거가 인터넷으로 작품을 발표하고 있다면, 지금과 같은 가치는 없을 것이다.

---

* 남성적/여성적이라 불리는 특성을 한 개인이 모두 지니고 있는 상태.

그가 고독했다는 점 때문에 값이 치붙고 있기 때문이다. 헨리 다거의 고독이라는 서사적 요소에 의해 우리는 '2차적 평가', 다시 말해 아르 브뤼(Art Brut)*라는 필터를 통해 그를 열광적으로 평가하고 있다. 그런데 만약 현대의 무사시노(武蔵野)미술대학 언저리를 졸업한 젊은이가 인터넷으로 동일한 작품을 발표한다면? 그렇다 해도 '1차적 평가', 즉 통상적인 미술품을 늘어놓은 형태로 평가받지는 못할 것이다. 아니, 비비언 걸스에게는 확실히 그 자체가 지닌 힘이 있다. 그렇지만 적어도 지금처럼 신격화되지 않을 것이다.

이 세계에는 필시 무수한 헨리 다거가 있다. 그리고 헨리 다거와는 달리 발견되지 못하고 잃어버린, 헨리 다거 못지않게 감정을 뒤흔드는 작품이 무수하게 있을 것이다. 또 한 사람의 헨리 다거가 지금 내가 사는 이 동네에 있을지도 모른다. 당신의 곁에 있을지도 모른다. 아니, 이미 잃어버렸을지도 모른다. 헨리 다거의 존재를 둘러싸고 가장 가슴이 울컥했던 점은 헨리 다거라는 사람 자체라기보다는, 또 다른 헨리 다거가 늘 어딘가에 있을지도 모른다는 사실이었다.

그러나 역시 여기에서도 가장 가슴이 울컥한 일은 헨리 다거가 처음부터 '없었을지도 모른다'는 사실이다. '발견된 헨리 다

---

* 가공되지 않은, 순수 그대로의 예술이라는 뜻.

거의 세계'에서는 헨리 다거 본인은 자신의 작품이 알려졌다는 것을 알지 못하지만, 우리는 알고 있다. '발견되지 않은 헨리 다거'의 세계에 발견된 헨리 다거는 존재하지 않지만, 그렇게 알려지지 않은 존재가 '있었다'는 것을 우리는 상상할 수 있다. 그런데 '헨리 다거가 없었던 세계'에서는 헨리 다거가 있었는지 없었는지, 그가 해 온 작업이 알려졌는지 아닌지, 우리들조차 알지 못한다. 알려지지 않았다는 것이 낭만적인 서사나 노스탤지어 서사의 본질이라고 한다면, 가장 낭만적이고 노스탤지어인 것은 비비언 걸스를 제작한 본인이 발견되지 않았을 뿐 아니라 그가 발견되지 않았다는 것을 우리도 알지 못한다는 서사다 (발견된 것을 모른다는 것이 아니라 발견되지 않았다는 것을 모른다는 것).

이런 식으로 생각해 보면, 우리 아파트 옆집에 사는 노인은 아마 평범한 노인이며, 방 안에 사람의 눈길을 끄는 예술품이 존재하는 일은 결코 없을 것이다.

그리고 그것은 매우 '서사적'이다.

우선 '잃어버린 뒤에 발견된 것'에 대한 서사가 존재했다. 다음으로 '잃어버린 뒤에 발견되지 않았던 것'이 있다고 한다면 어떠할까에 대해 생각했다. 그런 다음 '애당초 처음부터 존재하지도 않았고, 그렇기 때문에 잃어버릴 수조차 없는 것'에 대해 상상했다.

이제 마지막으로 '거기에 처음부터 존재하고, 그리고 잃어버리는 일도 없고, 그저 '누구의 눈에도 띄지 않는 것'의 가능성에 대해 생각해 보자. 잃어버리고 나서 발견된 것, 잃어버리고 나서 발견되지 않은 것, 또는 처음부터 존재하지도 않고 발견되지도 않은 것은 통상적인 의미에서 '서사'의 범주 안에 들어온다고 생각한다. 그렇다면 누구의 눈에나 띄는 장소에 있음에도 불구하고, 누구의 눈길도 닿지 않는 것에 대해 이야기하는 것이 가능할까.

나는 중증의 인터넷 중독이다. 하루에 몇 시간이나 컴퓨터 앞에 앉아 있다. 그중 상당한 시간을 보통 사람의 휴대 전화 블로그나 일기를 읽는 데 보낸다. 거기에는 실로 '누구에게도 숨겨 놓지 않았지만, 누구의 눈에도 보이지 않는 것'이 있다.

계속해서 읽고 있는 휴대 전화 블로그 중에는 규슈 지방에 사는 30대 후반 여성이 쓰는 것이 있다. 그녀는 몇 년 전에 연인에게 겪은 폭력 경험을 자세하게 썼다. 그 글에 내 눈길이 멈추었다.

어느 날 차를 타고 가다가 남자가 갑자기 화를 내며 산속 깜깜한 길에 그녀를 버렸다. 그녀는 맨발로 3시간이나 걸어 집으로 돌아왔다. 집 안에 들어서자 남자는 평소처럼 텔레비전을 보고 있었고, 아무 일도 없었다는 듯 밥상을 차리라고 했다.

7년 동안이나 폭력적인 남자와 그에게 의존하는 여자가 빚어내는, 슬프지만 흔히 있을 법한 일기가 띄엄띄엄 이어졌다. 그녀는 남자와 헤어졌다. 그리고 헤어진 뒤에도 블로그에는 새 일기가 올라온다.

또 다른 블로그. 북간토 지방의 40대 여성이 쓴 글이다. 그녀의 집은 이른바 '쓰레기집'*인데 조금도 신경 쓰지 않는 듯하다. 그녀는 딸이 둘 있는 싱글맘이다. 20대인 큰딸도 싱글맘이고 두 살짜리 아들이 있다. 둘째딸은 은둔형 외톨이 상태인 듯하다. 경제적으로 꽤 어려운 처지임에도 그녀는 스트레스가 쌓이면 갖고 있는 돈을 죄다 파친코에 써 버린다. 그러고 나서는 후회하면서 집에 돌아와 두 딸에게 무턱대고 화풀이를 하다가 대판 싸운다. 손자는 눈에 넣어도 아프지 않을 만큼 사랑하며, 휴대 전화로 자주 사진을 찍어 준다. 쓰레기집 안의 작은 탁자 위에 놓인 카레라이스, 그리고 홀랑 벌거벗은 남자아이가 찍힌 사진이 묘하게 기억에 남는다.

연예인이나 유명인보다 이런 보통 사람들이 쓰는 보통 생활의 기록을 좋아하는 편이다. 단지 이런 글은 이른바 '날것의 서사'로 쓰여 있기 때문에 술술 읽을 수 있는 글은 아니다. 그림이나 얼굴로 표현된 이모티콘이 많고, 툭하면 무의미하게 단락을 바꾼다. 사이트의 디자인도 악취미를 풍긴다.

---

* 강박에 의한 수집벽 같은 이상행동 등의 결과 쓰레기를 쌓아 놓은 상태로 방치된 건물(주로 주거용) 또는 토지를 가리킨다. 사회 문제로 다루어진다.

그래도 지금 거론한 두 가지 실례는 그런 대로 '서사'로서 읽을 만하다. 그러나 컴퓨터가 아니라 휴대 전화로 쓴 블로그나 일기 중에는 특히 단편적인 서사밖에 안 되는 것이 대부분을 차지한다. 대량의 글을 읽는 일이 고통스럽기까지 하다.

어떤 휴대 전화의 블로그 사이트는 대부분이 유흥업에 종사하는 여성들이 쓴 글인데, 그 내용의 태반은 호스트클럽에 빠져 있다는 이야기다. 개중에는 아주 흥미로운 것도 있다(난 호스트 업계의 독특한 용어를 이런 사이트를 통해 공부했다). 타인이 읽는 것을 전제하지 않는 글인데다가 내용도 지나치게 단편적이기 때문에 의미를 전혀 이해할 수 없는 것도 적지 않다. 그렇지만 그런 글 한 조각을 통해 호스트클럽에 빠져 있는 유흥업계 여성이 상당히 많다는 것, 나아가 힘들게 번 돈을 전부 거기에 쏟아붓는 일이 이 세상에는 별로 희한한 일도 아니라는 것을 배울 수 있다. 그런 인생을 살짝 엿볼 수 있다.

이런 것보다 더욱 단편적인 인생의 단편적인 서사가 그야말로 여기저기 발에 차일 만큼 굴러다니고 있다. 우리는 언제나 그런 것을 볼 수 있다. "이혼하고 나서 엄청나게 살이 쪘기 때문에 싸구려 호스트바밖에는 갈 수가 없어." 한 달에 겨우 한 번쯤 갱신하는 일기에는 이렇게 딱 한 줄이 쓰여 있을 뿐이다. 또는 "맥도날드의 텍사스버거, 허걱~ 소오름~"이라고만 쓰고는 3년 가까이 방치해 둔 일기도 있다. 이런 것은 언제나 거기에 있고, 누구든지 들어가 볼 수 있다. 우리는 이 단편적인 인생의 단편적인 서사로부터 의미 있는 것이라고는 아무것도 읽어 낼 수 없다.

전 세계에서는 아무 일도 아닌 것 같은 아무 일이 늘 일어나고 있다. 그것은 모조리 우리 눈앞에 있으며, 언제라도 볼 수 있다. 이것 자체가 내 마음을 꽉 붙잡고 놓아 주지 않는다. 단편적인 서사를 하나하나 읽는 것은 고통스럽기도 하지만, 그 '방대함' 앞에서 언제나 압도당한다.

나는 이런 방대한 이야기를 민중문학이라든가 참된 대중문화라고 치켜세우고 싶지 않다. 그런 샌님 놀이는 '다락방'에서나 하면 된다. 사람들의 단편적인 인생에는 이모티콘을 많이 쓴 단편적인 서사가 있을 뿐이다. 문화적 가치관을 전도시켜 거기에서 예술적 평가를 끌어내는 일은 불가능하다.

그렇기 때문에 '누구에게도 숨겨 놓지 않았지만, 누구의 눈에도 보이지 않는' 서사는 아름답다. 철저하게 세속적이고, 철저하게 고독하며, 철저하게 방대한 훌륭한 서사는 하나하나의 서사가 무의미함으로써 아름다울 수 있는 것이다.

토우(土偶)와 화분

길가의 가로수 밑동에 알로에가 나 있으면 '아아, 여기에도 어번 팜(urban farm)이 있구나' 생각한다.

어번 팜이란 말은 내가 적당히 만들어 낸 개념이다. 그저 가로수의 밑동에 무성하게 나 있는 알로에, 마을 뒷골목 작은 공원에 심은 여주, 작은 문화 주택이나 공동 주택 현관 앞에 나무 화분이 깨질 만큼 거대하게 자란 금목서 등…. 어번 팜은 도회지의 구석구석에 몰래 번성하는 나무와 풀을 가리키는 말이다.

대개는 근처에 사는 할머니나 할아버지가 멋대로 심어 키운다. 특히 공원이나 기찻길 옆, 가로수 밑에 끼워 넣듯 심는다. 이런 공공장소에 꽃잔디나 조팝나무가 예쁘게 피어 있는 것을 보면, 사람이란 왠지 조그맣고 귀여운 것을 키우지 않고는 배기지 못하는구나 하는 생각이 든다. 오사카만 그런 것은 아니겠지만, 특히 오사카에서 그런 풍경이 눈에 많이 띄는 것 같다. 조금이라도 맨땅이다 싶으면 무언가 심지 않고서는 못 견딘다. 작은 창문에 작은 망을 친 곳에 여주가 비좁은 듯 옆으로 비집고 자라는 것을 보고 있노라면, 괜히 불쌍해 보이기도 한다.

하지만 현관 앞에 놓아둔 작은 식물은 종종 누군가가 훔쳐 가기도 하는 듯하다. 산책을 하다 보면 때로 '꽃을 훔쳐 가지 마시오'라고 쓴 종이가 눈에 띈다. 더듬거리듯 어눌하게 손글씨로 쓴 종이를 붙여 놓은 곳도 있다. 그런 것을 누가 훔쳐 갈까. 역시 식물을 좋아하는 사람의 짓이겠지 싶다.

예전에 이웃 아파트에 혼자 사는 할머니가 있었다. 나가는 길에 붙잡히기라도 하면 이야기가 길어지기 때문에 될수록 마주치지 않도록 조심했었다. 그렇지만 사이좋은 이웃으로 잘 지냈다. 무슨 꽃인지는 잊어버렸는데 어느 날 할머니가 작은 화분을 가져다주었다. 고맙다고 인사하고 받았는데, 다음 날도 갖고 왔다. 그다음 날도 가져왔다. 넷째 날에는 거절했더니 그다음 날 집 앞에 멋대로 놓고 갔다. 살짝 화를 냈더니 할머니는 슬픈 표정을 지었다. 그래도 화분은 얼마간 그곳에 있었다. 우리 집 현관 앞에는 아무것도 놓여 있지 않았는데, 아무래도 현관 앞에 아무것도 놓여 있지 않은 상태를 참을 수 없었던 것 같다. 비어 있는 공간이 있으면 귀여운 것으로 메우고 싶어지는 것일까.

그 할머니는 며칠 전 아들과 같이 살기 위해 이사를 떠났다. "늙은이가 혼자 산다고 아들이 걱정을 해서 말이야. 그래도 혼자 사는 게 마음은 편한데." 할머니는 불만을 토로했다. 나중에 들은 이야기인데, 왜 여기에서 혼자 살았는가 하면 어렸을 적 여기에서 태어나 자랐기 때문인 듯했다. 이사할 때는 아들 부부도 인사를 하러 왔다. 나도 무거운 짐 나르는 일을 도왔다.

할머니가 멋대로 놓아둔 화분 몇 개는 아직 말라 죽지 않고 잘 자라고 있다.

할머니와는 더 이상 만날 일이 없겠구나 하고 생각했다. 그런데 2주일 후쯤 근처에서 만났다. 아무래도 태어나서 자란 곳이다 보니 친구나 아는 사람이 많은 것 같았다. 이사를 간 곳도 오사카 시내에서 가까웠기 때문에 그 뒤로도 자주 만난다. 그래서 딱히 그렇게 노스텔지어가 풍기는 이야기는 아니다.

소중한 친구 중에 조선학교 미술 선생이 있다. 그녀는 작품을 창작하고 있다. 그것은 거대한 유방이 달린 작은 토우(土偶)*다. 우리 집 부엌 테이블에는, 그녀가 만든 애벌구이 작은 토우와 나뭇진으로 만든 작은 토우가 놓여 있다. 늘 거기에 꽃을 꽂았다. 식사를 준비하는 동안에는 마치 가족처럼 느껴졌다. 따뜻한 손바닥으로 빚은 토우는 정말 살아서 움직이는 것 같다. 아무 생각도 하지 않고 그곳에서 웃고 있다.

그렇다고 내가 토우를 의인화하고 있는 것은 아니다. 그것은 단지 흙이나 나뭇진의 덩어리일 뿐이다. 말도 없고 의식도 없다. 그러나 말도 없고 의식도 없는 흙덩어리가 이 테이블 위에

---

* 흙으로 만든 사람이나 동물의 상.

살아 있다. 귀엽다는 것은 살아 있다는 말이다. 의식도 생명도 없는 애벌구이 흙덩어리가 테이블 위에서 웃고 있다. 웃고 있는 것처럼 보인다는 말이 아니다. 정말 웃고 있다. 우리가 밥 먹는 것을 쳐다보며 웃고 있다.

　내가 토우 선생을 좋아하는 점은 작품에 대한 궁리를 하지 않는다는 것이다. 새로운 국면이라든가 이제까지 없었던 디자인이라든가, 그런 것을 하나도 추구하지 않은 채, 타인에게는 똑같은 모습으로밖에 보이지 않는 토우를 매일매일, 줄기차게, 어제도 오늘도 굽고 있다. 똑같아 보이는 토우가 단순히 증식하고 있다. 그것들은 사고팔거나 주고받음으로써 이 집 저 집으로 흩어진다. 그리고 그곳에서 조용히 미소 짓고 있을 것이다.

　토우 선생은 훌륭한 작가이기도 하지만, 지극히 유능한 미술 교사이기도 하다. 언제나 페이스북에 학생들 작품을 올린다. 우리는 모두 새 작품이 올라오기를 고대한다. 흔하디흔한 그림이나 조각이 아니다. 하나같이 상상을 뛰어넘는 무언가를 담은 엉뚱하고 바보스럽고 멋지고 귀여운 것뿐이다. 이렇게 자유로운 작품을 만들어 내는 학생들도 훌륭하다고 생각하지만, 그런 작품을 만들도록 독려할 수 있는 선생도 아주 훌륭하다고 생각한다. 아이들을 진정으로 사랑하고 있기 때문일 것이다.

　그런데 대다수의 남성은 작은 것을 귀여워하고 기르는 일을 잘하지 못한다. 서투르기도 하고, 꺼려 하기도 한다. 본능이라든가 선천적으로 타고난 성격에 대한 이야기는 아니라고 본다. 자라 온 환경과 사회 전체의 가치관이 개인을 그런 식으로 개조한 것이리라. 여하튼 우리 남성은 무언가를 무조건 사랑하는 일이 참으로 불가능하다. 난 동물을 좋아하기 때문에 개나 고양이를 귀여워할 수는 있다. 하지만 일을 끝내고 돌아오는 길에 꽃집에서 꽃을 사 오는 일은 잘 못한다. 가끔 좁은 뜰에서 아내가 기르는 꽃을 꺾어 작은 유리병에 꽂아 놓으면 너무 귀여워서 깜짝 놀란다. 그렇지만 스스로 좀처럼 그런 일을 하지는 못한다.

이는 결코 남성에게 국한된 이야기는 아니라고 생각한다. 그러나, 음…. 어느 해인가 내 수업에 들어오는 학생이 고독사를 주제로, 몇몇 낡은 아파트 단지의 자치회를 둘러보고 구술 조사를 해 온 일이 있었다. 그때 대단히 인상적이었던 점은, 단지 안에서 고독사를 없애기 위해 사람과 사람의 연결고리를 만들자는 뜻으로 '지역 카페' 등 여러 가지 방안을 고안해 실시했지만, 남성은 전혀 참여하지 않았다고 한다. 이것 역시 자주 듣는 이야기다.

혼자 사는 고령의 여성은 빨랑빨랑 주위에서 친구를 찾아낸다. 그리고 참새가 방앗간 들르듯, 지역 카페에 들러서는 재잘재잘 수다를 떨곤 한다. 하지만 남성은 전혀 그런 곳에 오지 않는다. 억지로 오라고 권해도 있을 곳이 없다는 듯 구석에 웅크리고 앉아 멀거니 아래를 내려다보고 한마디도 하지 않는다. 실제로 몇몇 데이터를 보면 고독사는 남성의 경우가 훨씬 많다. 고독사를 하고 나서 발견되기까지 걸리는 시간도 남성이 훨씬 길다. 우리는 살아서도 고독하고 죽어서도 고독한 것이다.

앞의 학생의 구술 조사에서 흥미로웠던 점은, 여성들이 인간관계를 맺어 나갈 때, 대문 앞 화단이 한몫을 한다는 점이다. 자그마한 제비꽃이나 나팔꽃 화분을 누군가에게 주고, 그 대신 골든포토스 화분을 받는다. 대문 앞에서 화분에 물을 주고 있노라면 '어머 참 예쁘네요' 하며 말을 걸어온다. 꽃을 키우는 법이 까다롭다며 한바탕 얘기꽃이 피어난다.

"이 수국은 참 예쁘게 피었군요. 우리 집 수국은 안 그래요. 잎만 무성하지 꽃을 피우지 않거든요."

"아주머니(할머니들은 서로를 이렇게 부른다), 꽃이 다 피고 나면 가지를 쳐 주는 것이 좋다던데, 정말인가요? 비료는 어떤 것이 좋아요? 우리 집은 옛날부터 유채 씨 찌꺼기를 주는데…. 닭똥은 냄새가 나잖아요."

"우리 집에는 고양이가 있다우. 닭똥 같은 건 냄새라고 할 수도 없지유."

"고양이는 참 귀엽지요? 나도 고양이를 기르고 싶은데, 손자가 알레르기가 있어서…."

"아주머니, 알레르기에는 뜸이 잘 든다던데…."

이야기는 금방 곁길로 빠져 좀체 끝을 맺을 기미가 보이지 않는다.

많은 남성에게는 이런 일이 불가능하다. 우리는 일이 아니면 타인과 이어지는 일이 없다. 일과 관계가 없으면 대화를 나눌 수 없다. 나도 친구나 이웃은 꽤 있는 편이라고 생각하지만, 지나가는 사람과 아무렇지도 않게 웃으며 날씨 이야기를 나누는 일은 꽤 서툴다.

사실은 남자나 여자나 상관없이, 오사카의 할머니들처럼, 전차 안에서, 길 위에서, 가게 앞에서, 학교에서 가볍게 말을 걸고, 가볍게 화분을 주고받았으면 좋겠다고 생각한다. 하지만 우리는 무언가 눈에 보이지 않는 것에 언제나 겁을 먹고, 불안해하며, 공포를 느낀다. 차별이나 폭력의 대부분은 그런 불안이나 공포에서 발생한다고 생각한다. 그렇다고 오사카의 할머니들이 딱히 차별을 하지 않는다는 말은 아니다. 그런 이야기가 아니라(부락민이나 재일 코리안에 대한 차별은 오사카에서도 심하다), 어디에서든 스쳐 지나가는 사람과 화분과 꽃에 대해 이야기를 나누는 것, 또는 화분 자체를 교환하는 것이 어쩐지 무척 중요하다는 생각이 든다는 뜻이다.

사람에게 말을 건다는 일 자체는 대단치 않게 보이겠지만, 정작 해 보라고 하면 좀처럼 할 수 있을 것 같지 않다. 막상 해 보면, 실은 퍽 간단한 일이다.

그렇지만 가능하다면 무언가 귀여운 것, 또는 맛있는 것이 중간에 끼는 편이 좋다. 내가 반쯤 농담으로 '모둠냄비 이론'이라고 이름 붙인 이론이 있다. 이를테면 친구 한 사람에게 '지금부터 나와 이야기를 하자, 그러기 위해 시간을 달라'고 말하면 불안을 느끼고 경계할 것이다. 하지만 '맛있는 모둠냄비를 먹으러 가지 않을래?' 하고 말하면 '응, 좋아. 같이 가자' 하고 응수할 것이다.

사람과 이야기하고 싶다면, '자, 이야기를 해 볼까요?' 하고 부탁하는 것이 아니라, 무언가 다른 것을 권하는 편이 좋다. 생각해 보면 신기한 일이다. 결국 무슨 목적으로 모둠냄비를 같이 먹느냐 하면, 서로 이야기를 나누기 위해서다. 그렇다면 그냥 얘기만 하면 되지 않을까?

그러나 사람은 서로의 존재를 공공연하게 드러내는 것을 참으로 싫어한다. 우리는 상대의 눈을 보고 싶지도 않고, 남이 자기 눈을 보지 않기를 바란다.

우리는 서로의 눈을 보지 않아도 되도록, 우리 사이에 작은 냄비를 놓아두고, 그것을 쳐다본다. 냄비가 사이에 있으니까 우리는 서로의 눈을 보지 않고, 그저 냄비만 보고 있으면 그만이다. 냄비가 없다면 서로의 눈을 보는 수밖에 없을 것이다. 서로의 눈을 보면 이미 이야기를 나눌 수 없어지고, 침묵밖에 흐르지 않는다. 두려움이나 긴장은 침묵에서 생겨난다.

할머니들에게는 화분이 냄비이자 통화(通貨)이며 언어다. 투박한 옹기 화분은 애벌구이 토우와 아주 비슷하다. 실제로 꽃이나 나무를 키워 보면 금방 알 수 있는데, 식물은 살아 있다(난 지금 당연한 말을 하고 있는 것이 아니다). 식물은 그곳에 있고 웃고 있다.

다만 그것은 식물이기도 하기 때문에 사람에게 그냥 주어도 그렇게 아까울 것은 없다. 사람과 사람을 이어 주는 데 이만큼 적당한 것이 있을까. 그것은 그곳에서 웃고 있기 때문에 사람에게 선물할 가치가 있다. 그것은 단지 식물이기 때문에 사람에게 주어도 아깝지는 않다.

며칠 전에 토우 선생이 울고 있다고 했다. 그래서 아주 친한 사람들만 낮 3시부터 쓰루하시(鶴橋)* 에 모여 싸구려 초밥을 배터지게 먹고, 일본 술을 들이부었다.

토우 선생이 있는 조선학교 정문 옆에는 게시판이 하나 있다. 그 게시판에는 학생이 쓴 단카(短歌)** 와 하이쿠(俳句)*** 중에서 솜씨가 뛰어나고 작품성이 있는 것을 뽑아 붙여 둔다. 그런데

---

* 오사카에 위치한 대표적인 한인 타운.
** 하이쿠와 더불어 일본의 전통적인 시가를 대표하는 정형시. 5구 31음절 형식으로 이루어진다.
*** 일본 고유의 단시형(短詩形) 정형시. 5·7·5조 17음절 형식으로 이루어진다.

어느 날 단카와 하이쿠를 쓴 종이가 없어졌다.

그날 조선학교의 우체통에는 잘게 자른 종이 다발을 가지런하게 묶은 것이 들어 있었다. 커터 칼 같은 날카로운 것으로 잘디잘게 찢겨 있는 종이 다발의 정체는 학생들의 단카와 하이쿠였다. 그중에서도 실명으로 쓴 학생들의 이름을 죄다 깨끗하게 도려내서는 세로로* 한가운데를 딱 베어 놓았다. 모든 이름이 하나도 빠짐없이, 세로로 한가운데가 커터 칼로 딱 잘라져 있었다고 한다.

"가늘게 잘랐는데, 아마도 자를 대고 커터 칼로 잘게 칼질을 한 것 같아요. 선이 비뚤어지지 않고 일렬로 똑바르게 잘려 있었거든요." 토우 선생은 이럴 때에도 미술 선생 티를 내며 말했다.

오늘도 토우 선생은 토우를 굽고 있다. 근처의 할머니들은 화분을 주고받으며 서서 수다를 떨고 있다. 이웃에 살던 할머니에게 받은 화분은 꼬부랑꼬부랑 비척대면서도 잘 자랐다. 토우는 조용히 테이블 위에서 웃고 있다.

---

* 세로쓰기여서 세로로 잘렸다고 한 것이다.

이야기의
바깥에서

　　　　　　전쟁 체험자의 이야기를 들었던 적이 있다.

　우리 대학의 학생들이 주체가 되어 이야기를 듣는 이벤트가 매년 열린다. 그해의 주제는 전쟁 체험의 이야기를 후대에 전하자는 것이었다. 전쟁을 체험한 사람을 몇 명 초대해 강연회를 개최했다. 강연회가 끝난 뒤에는 단상에서 각자의 생각을 이야기하는 심포지엄이 열렸다. 학생들이 그 심포지엄의 사회를 부탁하기에 기꺼이 승낙했다. 강연장에는 많은 학생과 교수가 모여들었다.

　이벤트 당일이었다. 다들 조금 이른 시간에 모였다. 학생 스태프들이 이야기를 해 줄 사람에게 나를 데려갔다. 비록 짧은 시간이었지만 그때 강연자 남성 한 분과 대화를 나누었다. 꽤 고령이었지만 아주 건강한 분이었다. 강연이 시작될 때까지 처음 만난 나와 대기실에서 차를 마시며 많은 이야기를 들려주었다.

　그는 전쟁 말기에 남양군도*의 작은 섬에 배속되어 미군과 싸웠다. 부대는 옥쇄**했고, 기적적으로 살아남았다고 한다.

　마치 현장에 있는 것처럼 전쟁터의 모습을 열띠게 묘사했다.

56

그리고 사이좋게 지내던 전우가 미군기의 기총 소사에 맞아 눈앞에서 죽어 가는 장면으로 이야기가 옮아갔고, 그는 눈물을 흘렸다. 목구멍 깊은 곳에서 억지로 힘을 내듯, 갈라질 듯한 목소리로 언어를 끌어 올려서는 나를 향해 계속 이야기했다.

강연 시간이 되자 그는 강당을 빼곡하게 채운 학생들 앞에서 아까 대기실에서 내게 해 준 것과 똑같은 이야기를 시작했다.

그리고 전우의 죽음으로 이야기가 흘러갔을 때, 그는 역시 아까처럼 똑같이 눈물을 흘리며 목소리를 쥐어짜듯 이야기를 계속했다. 청중도 빨려 들듯 이야기를 듣고 있었다.

그때 맨 앞에 앉아 있던 이벤트 담당 학생 한 사람이 갑자기 그의 눈앞에 '남은 시간 20분'이라고 큰 글씨로 쓴 종이쪽지를 들어 올렸다.

이야기는 돌연 완벽하게 뚝 끊어졌다. 그는 화들짝 놀라 눈이 휘둥그레지더니, 갈라진 목소리로 조그맣게 '벌써 시간이 그렇게 되었나?' 하고 혼잣말을 했다. 그때까지 온몸의 힘을 짜내어 뜨겁게 이야기하던 그는 그 대목에서 이야기가 중단되는 바람에 10초인가 20초쯤, 꽤 긴 시간 동안 청중이 지켜보는 가운데 한

---

* 태평양의 적도 부근에 흩어져 있는 섬들. 마리아나, 마셜, 캐롤라인, 팔라우 등.

** 옥처럼 아름답게 부서진다는 뜻으로, 공명이나 충절을 위해 깨끗하게 죽는 것. 대패할 것을 각오하고 싸우는 일을 비유적으로 가리키기도 한다.

마디도 할 수 없었고, 낭패한 기색으로 입을 꾹 다물어 버렸다.

이윽고 그는 곧바로 다시 이야기의 '궤도'에 올라탔다. 아무 일도 없었던 것처럼 아까처럼 또렷하고 커다란 목소리로 박력 있게 이야기를 계속했다.

이벤트가 끝나고 나서 그 학생에게 '그런 타이밍에 그런 쪽지를 보여 주면 안 돼' 하고 충고해 주었다. 성실한 학생이었던 만큼 스케줄대로 진행되지 않고 예정을 크게 벗어나 버리는 그의 강연에 안달복달 애를 태웠을 것이다.

강연에 나섰던 그는 몇 년이나 각지의 학교, 지역의 집회에서 같은 이야기를 되풀이해 왔기 때문에 그런 '현장'에는 웬만큼 익숙해 있었을 것이다. 그러니까 시간이 부족하다고 도중에 쪽지를 전달받는 일도 낯설지 않았을 것이다. 그런데도 어째서 그토록 놀라서 혼란스러운 모습으로 낭패한 기색을 나타냈던 것일까? 강연 도중에 흘렀던 10초의 침묵은 말할 수 없이 길었다.

대기실에서 나와 둘이 이야기할 때, 그는 전우가 죽는 장면에서 진심으로 눈물을 흘렸다. 그리고 그 직후 강연장에서 자리를 가득 채운 청중을 향해 똑같은 이야기를 할 때, 똑같은 장면에서 똑같이 눈물을 흘렸다.

아마도 그는 매일같이 일본 각지에서 열리는 그러한 집회에 나가 똑같은 이야기를 하고, 똑같은 장면에서 똑같이 눈물을 흘릴 것이다.

그때 그는 무엇을 '이야기하고 있는' 것일까? 그는 도리어 이야기에 떠밀려 움직이며, 이야기 자체가 되는 것은 아닐까? 그래서 이야기가 자기를 이야기하고 있는 것은 아닐까?

고베(神戶)에는 '사람과 방재(防災) 미래 센터'라는 시설이 있다. 고베 대지진의 피해와 복구에 대한 자료관이다. 지진 직후의 마을 모습을 실물 크기로 재현해 놓은 사실적인 전시물도 있다.

거기에 가면 지역의 시민이 이야기하는 것을 들을 수 있다. 매년 강의를 듣는 학생을 데리고 그곳으로 견학을 간다. 어느 해인가 방문했을 때, 어떤 여성이 이웃집의 어린아이가 죽는 이야기를 들려주었다. 듣고 있던 학생들도 모두 울었다.

그것은 참으로 가슴 쓰라린 이야기였다. 하지만 난 이야기를 들으면서, 그런 이야기를 몇 번이나 반복해서 사람에게 들려주는 것 자체가 정말 고통스러운 일이라고 생각했다.

이야기가 끝나고 감사하다는 인사를 드릴 때, "체험한 것 자체도 힘든데, 그 체험을 되풀이해서 남에게 이야기하는 일이 힘들지는 않으십니까?" 하고 물었다.

그 여성은 그렇게 묻는 것이 도리어 당혹스러운 것 같았다. 아마도 자기 자신이 힘들다거나 괴롭다는 마음보다 그 이야기를 세상에 전해야 한다는 중요성이 훨씬 더 컸을 것이다.

어떤 강렬한 체험을 남에게 전하고자 할 때, 우리는 이야기 자체가 된다. 이야기가 우리에게 빙의하여 자기 자신을 이야기하게 만든다. 우리는 그때 이야기의 매개 또는 그릇이 되는 것인지도 모른다.

이야기는 살아 있기 때문에 잘라 내면 피가 난다. 이야기를 도중에 갑자기 중단당한 그의 침묵은 끊긴 이야기가 지르는 조용한 비명이었다.

그는 그 찰나에 1945년 남양군도의 작은 섬과 2013년 대학 캠퍼스를 왕복했을 것이다. 시간과 공간의 거리를 뛰어넘는 수십 초 동안, 침묵이 그를 지배했다.

그렇다고 해도 강렬한 서사와 우리가 평소에 나누는 이야기 사이에 그토록 대단한 격차가 있는 것은 아니다.

나아가 자신을 만들어 내고 자신의 기반을 이루는 서사는 단하나가 아니다. 애초에 자기라는 것은 다양한 이야기의 집합이다. 세계에는 가벼운 것이나 무거운 것, 단순한 것이나 복잡한 것에 이르기까지 온갖 서사가 있다. 우리는 그것들을 조합하여 '하나의' 자기라는 것을 만들어 내고 있다.

특히 우리는 이야기를 모아 자기 자신을 만들고 있는 것만은 아니다. 우리는 이야기를 모아 세계 자체를 이해하고 있다. 어떤 행위나 장면이 즐거운 술자리인지, 악질 성희롱인지, 우리는 그때마다 정의 내린다. 다양한 이야기와 '화법'을 모아 '하나의' 세계를 만들어 내고 해석하고 있는 것이다.

그렇게 우리는 일상적으로 갖가지 이야기를 모아 살아가고 있다. 그렇지만 늘 그것이 순조로운 것은 아니다. 이야기는 살아 있다. 그것은 우리 손을 빠져나가 우리를 배신하고, 우리를 타고 앉아 우리를 원하지 않는 방향으로 돌려세운다. 그것은 살아 있다.

어느 작은 아파트에 사는 가족에 대해 그곳 자치회에 있는 분으로부터 이야기를 들은 적이 있다.

현역 야쿠자인 젊은 남편은 가족에게 심한 폭력을 휘두르고 있었다. 아내는 만남 사이트 등을 이용해 개인적으로 매춘을 했다. 아직 어린 두 아들을 옆방으로 쫓아내고, 자택에서 손님을 받기도 했다.

아들들은 아내가 데리고 온 아이들이다. 그 애들은 재혼 상대인 남편에게 처절하게 학대를 당하고 있었다. 상세한 것은 생략하지만, 아이들에게 폭력을 휘둘러 체포당한 그 남성은 형무소에 들어갔다. 아내는 아이들을 내버려 둔 채 어딘가로 사라졌다. 남겨진 아이들은 보육 시설에 맡겨졌다.

마침 일가가 뿔뿔이 흩어진 그즈음, 그 방 아래층에 사는 아파트 주민이 자치회에 민원을 넣었다.

아무래도 그 가족이 살았던 방은 '쓰레기집'이었던 듯하다.

해충이 엄청나게 번식해 아래층 방 천장에는 새까만 얼룩이 번졌고, 그 주변에는 심한 악취가 풍겼다.

여기까지가 그 자치회에 있는 분에게 들은 이야기다.

몇 개월이 지나 오랜만에 그분을 만났더니, 그 가족이 살았던 방에 대한 후일담을 들려주었다.

아버지는 수감되고, 어머니는 증발하고, 아이들은 보육 시설에 맡겨졌으니 아무도 없는 방이 되었는데도, 악취와 해충에 대한 민원이 몇 번이나 되풀이해 들어왔다. 그래서 아파트 관리 회사의 입회 아래, 그분이 여벌 열쇠로 방문을 열고 들어갔다.

그곳에서 눈에 들어온 것은 가구도 아니고 무엇도 아닌, 텅 빈 깨끗한 방이었다고 한다.

단지 아래층 주민이 무언가를 착각했을 뿐이리라. 진상이 밝혀졌다 한들 속 시원한 것도 아니고, 특별히 드라마틱하지도 않다. 그저 그랬다는 이야기일 뿐이다. 그렇지만 내가 내 눈으로 보지 못하고 그냥 이야기로만 들은 '텅 빈 방'의 이미지가 묘하게도 계속해서 인상에 남아 있다.

이야기를 듣는 동안에는 '뭐, 흔한 이야기라고 하면 흔한 이야기이기는 하지만, 그래도 참 너무하군', 이런 암담한 기분으로 이야기를 듣고 있었다. 폭력, 빈곤, 학대, 매춘, 그리고 쓰레기터 같은 방…. 일련의 '가족 해체' 서사였다. 나뿐만 아니라 그 이야기를 들은 사람은 그러한 서사로 받아들였다.

참으로 유별할 것 없는, 오직 그것이 전부인 이야기다. 그런데도 마지막 이야기를 들었을 때 불현듯 홀로 남겨진 것 같은 감각은 내내 지워지지 않는다.

그저 그것이 전부인 이야기에 지나치게 과잉으로 '무의미'라는 의미를 집어넣어 읽어 내서는 안 될 테지만, 이 서사의 전체는 무언가 초점이 맞지 않는다. 아무리 노력해도 뚜렷한 이미지가 떠오르지 않는다.

자기 자신이나 세계는 서사를 이야기할 뿐 아니라 서사에 의해 만들어진다. 그러한 서사는 갑자기 중단당해 찢겨 나갈 때가 있다. 또 서사는 때로 그 자체가 파탄을 내고, 다른 서사와 갈등하며 모순을 일으킨다.

서사는 '절대로 벗을 수 없는 안경' 같은 것이다. 우리는 그러한 서사로부터 자유로워질 수 없다. 자기 자신이나 세계를 있는 그대로의 모습으로 마주할 수 없다. 그러나 서사가 중단되어 찢겨 나가 모순을 일으킬 때, 서사의 바깥쪽에 있는 '무언가'가 어렴풋이 이쪽을 엿보고 있을지도 모른다.

길 위의

카네기홀

오사카, 니시나리(西成), 신세카이(新世界).
길 위에서 기타 치는 사람. 오사카로 나온 지 60년. 길 위에서
기타를 친 지 20년.

— 이런 생활은 얼마나 되었습니까?

음, 뭐 취미로 하지. 열 살부터 취미로 하는 거야. (지금) 내 나
이 여든. 모레 생일이 지나면 딱 여든이지.

— 길 위에서 엔카를 연주한 것은 언제부터입니까?

내가 환갑 나이가 되었을 때 택시를 그만두었거든. 그만두고
시작했지, 뭐.

한 달에 격일 근무가 13회거든, 택시는. 이튿날도 아직 기운
이 펄펄하니까, 홈 여기 와서 이걸 하지. 심심풀이로. 그랬더니
노동자가 다가와서는 대여섯 명이 줄줄이 앉더라고. 그래서 7,
8000엔 벌 때도 있었어.

그때 내가 말했지. 이봐, 이걸로 너희들 밥이나 먹어. 술이나
마시든지. 난 집에 갈 테니까. '모레도 잘 부탁하네.' (웃음) 그랬

더니 이번에는 경찰이…, 아 마침 경찰서가 바로 아래에 있었거든. 그 사람이 "이보시오 선생, 여기서 하지 마시오" 하더란 말이야. 그랬더니 노무자들이 화를 내면서 "그럼 우리가 밥을 못 먹잖아?" 그래 (웃음).

그런 일도 있었어.

그러고 나서 하지 말라고 하니까, 뭐. 그만두었지. 응, 그만두고 오사카 시의 아베노(阿倍野) 구로 옮겨 갔어. 그때부터 아베노로 동네를 바꾸었지. 그 뒤로 예순부터 아베노야. 일흔다섯…. 그러니까 15년쯤 했지.

그 시절 손님이 때때로 여기를 지나가면서, "아저씨, 아직도 하고 있네!" (웃음) 하지. "나, 기억해요?" 하고 묻더군. "잊어뿌렸어" 했지 (웃음).

― 여기(신세카이)에 온 지는 5년쯤?

이제 3년 정도? 아닌가? 아베노가 공사를 시작해서 말이야, 요전에. 그래서 할 수 없어졌거든.

― 기타는 계속 쳤어요? 택시 시절에도.

응, 그럼. 차에 싣고 다녔잖아. 트렁크에. 늘 싣고 다녔어. 잠깐 쉴 때에도 연습했고.

뜻밖에 장거리 손님이 말이지, 내 택시에 타는 거야. 그래서 교토까지 태우고 가면, "아저씨, 잠깐만 2층에 올라가 기타 좀

쳐 주시오." (웃음) 그래. 야, 지금 나 일하는 중이거든! 근무 중이란 말이야! 그래도 왕복 차비를 준다고 하니까. 그런 일은 째고 쌨어.

아베노에서 할 때는 "왜 그 따위 기타를 치고 있어? 프로가…. 이봐, 선생, 난바(難波)*로 와 봐요" 하니까 가 봤지.

그랬더니 잠깐 악기점에 가자고 해. 그래서 따라갔지 뭐야. "아저씨, 어느 게 좋아요? 갖고 싶은 것이 뭔지 말해요." 갖고 싶은 것을 말했지. "보세요. 여기 마틴이라든가 깁슨이라든가, 좋은 것이 있네요." 그러기에, "깁슨 같은 것이든, 마틴 같은 것이든, 다 좋지" 하니까, "자, 그럼 그걸로 해요" 하면서 42만 엔을 턱…. 현금으로! 하아, 현금으로 사 주었어 (웃음). 거짓말 아니야. 아직도 있어, 집에. 잘 모셔 두었거든.

여기에 와서 얼마 안 되어 어떤 아저씨가 2만 엔을 주더라고. "2만 엔뿐이라 미안하지만, 난바에서 스낵바를 하고 있는데 와 주지 않을래요?" 그래서 그저께 갔다 왔어.

— 다양한 사람과 만나나요?

그럼, 말해 뭐해. 그래서 하고 있는 거잖아, 재미있으니까. 이런저런 사람이 지나가지. 좀 별난 사람도.

— 불쾌한 일은 없어요?

---

* 오사카의 번화가.

가끔 있지. 그 뭐야, 이상야릇한 술주정뱅이가 오곤 하지. 그래도 연주는 하지만.

—**기타는 한 번도 배운 적이 없어요?**

없어! 그렇지만, 아 잠깐만. 길 위에서 치고 있으면 솜씨가 뛰어난 사람이 스쳐 지나갈지 알 수 없으니까. 좀 모르는 건 배워 두어야겠다고 생각은 하지.

오사카에는, (기타 교실) 대여섯 군데가 있지 싶네. 가 봤는데 거기에서도 말하더라고. "개성파이기는 해도 솜씨가 좋으시군요. 지금 그대로 계속하세요." 그런 식으로 말해 주더군.

"아, 그래요? 말씀은 고맙소." 그렇게 말하고 관뒀지. 자신감이 좀 생기더군. 아 참, 선생이 그렇게 말할 정도니까, 내가 일본에서 제일가는 연주자라고 생각했어.

그 대신 난 매일 택시를 타는 동안에는 말이야, 이튿날 쉬는 날에도 술을 마신 적이 없어. 맥주도 일본 술도 안 마셨어. 술은 마신 적이 없는데도, 노래를 배우려고 스낵바에 가지. 매일 간다고!

녹차는 안 마셔. 위스키 마시지. 만 2000엔짜리 병을 내달라고 해서. 컵에, 이만큼만 (아주 조금만) 넣어, 위스키를. 그다음 요만큼만 콜라…. 코크하이라고 해, 그걸. 생각 외로 맛이 좋아. 조금, 살짝 맛만 볼 뿐이야.

그걸 마시면서 노래를 들어. 남이 부르는 노래라든가, 뭐 들고 있지.

그러다가 이 근처에서 옛날식으로 음악 하던 놈이 제자로 삼아 달라고 왔어. 때밀이 하던 놈인데, 그런 식으로 올 정도니까, 뭐. 지금 오사카 성에서 하고 있대, 내 흉내를 내서. (웃음) 아베노에서 하던 놈이.

그때부터 지금까지 제자가 16명쯤 있어. 규슈(九州)에 돌아가 규슈 역 앞에서 하는 놈.

그렇게 해서 말이지. 그렇게 뭐, 베짱이처럼 놀고 있지, 난. 그렇게 꾸역꾸역 나이를 먹었으니까, 슬슬 그만두겠다고 말은 하고 있지.

뭐, 괜찮은 인생이었지. 핑핑 놀기만 하면서 지금껏 살아왔어, 대충. (웃음) 그리고 장가를 들어 같이 살다 보니까 큰아이가 세 살 때 둘째가 생기더니 또 셋째가 생겼어. 참, 골치 아프게 되었지. (웃음) 그래서 이거(돈) 씀씀이가 수월치 않았어, 특별히. (웃음) 그랬다니까.

— 이 일로 먹고살아 가려는 생각은 안 했어요?

누가 그런 생각을 해! 이런 거야 그저 놀이지. 지금도 놀이잖아. 바보 같은 소리! 이 일로 먹고살 수 있다고는 생각 안 해. 그렇지만 이제는 제자가 더 이상 안 와. 역시 생계가 걸려 있는 사람이라면, 역시.

그리고 말이지, 지금까지 이거 20년을 했는데, 계산해 봐도,

뭐 나 죽어서 제삿밥 얻어먹겠다는 생각은 안 해.

이거야 참, 뭐, 500만 명 정도일 걸? 지금 아는 사람이…. 알겠어? 그래서 역시 내가 죽더라도 '이런 사람이 있었구나' 하는 소리를 들으면, 그게 제삿밥이지.

— 모두들 아저씨를 기억하고 있어요. 여기를 지나가면 생각이 나는 걸요.

그렇게 생각해 주면 고맙지.

— 아직 멀었어요. 앞으로 20년쯤 더 하세요.

그건 안 돼. 길어야 5년이지. 벌써 힘에 부치는 걸. 그렇지만 농사꾼으로 태어나 쌀가마를 졌던 몸이니까 다리도 튼튼하고. 웬만해서는 말이야, 우리 집안은 장수하는 편이거든. 우리 어머니가 105세였던가. 친아버지가 95세였고. 나도 95세까지는 살려면 살 수 있을 것 같아. 그렇지만 자리보전하면 끝장이지.

— 사모님 연세는?

나랑 같아. 아직 기운이 있어. "여보, 그런 곳에 앉으면 꼴 보기 싫어요." (웃음) 여기는 안 와, 절대. 모르지, 한 달에 한 번쯤 여기를 지나갈지. 모르는 척하겠지. 그래도 "좋을 대로 하시구려. 당신도 나이 먹을 만큼 먹었으니까 말이에요." 말은 이렇게 하지 (웃음).

정말 그래. 집을 빌려서 노래방이나 다방이나 생음악을 연주하는 가게를 해 볼까 생각한 적도 있어, 내가! 맞아, 생각해 본

적이 있어. 생음악을 들려주는 가게. 생각은 했지만 말이야. 오는 손님이 정해져 있잖아, 알려지지 않았으니까. 돈이 벌리지 않는다기보다는 듣는 층이 더 늘어나지는 않는단 말이지.

지금처럼 하는 편이 더 나아. 나도 더 많은 사람에게 알려지고 싶거든. 좀 경박한 사람이라서. (웃음) 역시 젊었을 때부터 인기가 좀 있었다고 해야 하나. 뭐 좋아하니까 했겠지만.

시골이었는데 말이야. 아 난 시골 농사꾼이야. 그러니까 마침 전쟁에 졌을 당시에 아버지가 형님에게 사 주셨어, 기타를. 아마도 형님이 사 달라고 했겠지. 맨 처음 퉁겨 보고는 내가 그걸 훔쳐서 연습을 시작했어.

그냥 취미로. 툇마루에 앉아서. 알지? 시골집 툇마루. 우리 집에 축음기 같은 것이 있었어. 그래서 축음기에 판을 걸어 놓고 들으면서, 외우던 노래가 있었지. 옛날 옛적 노래.

― 튜닝이라든가 운지법 같은 것은 어떻게 배웠나요?

아, 그건 말이야. 자연스레 배웠어. 자연스럽게. 오랜 시간에 걸쳐 그냥 깨달았어. 그래서 아, 참 그렇지, 피아노의 '미' 음계는 이거구나 하고 알게 된 거야. 그래서 '미'에 맞추면 되겠구나 하는 식으로. 그래서 대체로 음을 듣고 외웠어.

― 열 살 때 쳤던 노래는 어떤 거였어요?

그때는 말이지, 그 시절에는 모를 거야, 옛날 노래. 온천 마을

엘레지 같은 노래가 있었으니까. 완전 엔카지. 뽕짝 말이야.

(지나가던 아저씨가 다가온다.)

어이, 담배 줄까? 한 대만이야.

(두 대 가져갔다.)

그래서 오사카에 열여덟에 나왔지.

— **열여덟에 오사카에 왔어요? 일하러?**

응, 셋째 아들이거든. 쓸모없는 존재잖아. 나올 수밖에 없지.

초등학교는 6년, 신제(新制) 중학.* 그게 3년이었고. 열여섯

이었나, 열일곱쯤이었나. 그때 나왔어. 그게 말이야, 셋째 아들

이니까 넌 필요 없어, 붙잡지 않을 테니까 오사카나 도쿄로 가

서 일을 하지 않겠느냐, 그래. 아버지가.

그래서 도쿄에 갈려고 도쿄까지 가는 표를 샀는데.

— **처음에는 도쿄에 갔나요?**

아니야, 아니야. 도쿄까지 가는 표는 샀지. 시골에서. 그랬더

---

* 전쟁이 끝나고 1947년 시행한 학교교육법에 의해 설립한 중학교.

니 몇 시간이나 걸리는 거야. 기차는 뻑뻑 울고.

아, 맞다. 그래서 오사카는 말이지, 말이 좀 어렵잖아. 발음이. 도쿄에 가면 의외로 발음이 고급스럽고 표준어니까 알기 쉽겠구나 생각했지. 그래서 표를 사서 도쿄까지 가자는 작정으로 기차를 탔어.

그래서 밤인데, 몇 시였더라. 밤 1시쯤이었을 거야. 오사카에 도착했지. 도착했을 때 이렇게 보니까 우와─. 촌뜨기였어, 난. 우와─ 이런 전기도 들어오잖아. 넓기도 하고.

뛰어내려야지 하고 내려 버렸지. 그런데 보니까, 도쿄가 아니더라고. 앞으로 두 배나 시간이 더 걸린대, 도쿄까지. 아이고, 고만 됐다. 내리자고 생각하고 내린 곳이 내 운이다 싶었지.

오사카 역에서 택시를 잡아탔어. 그리고 다짜고짜 물었지. "저, 기사 아저씨, 미안하지만 오사카에서 제일 재미있고 화려한 곳이 어딥니까?" 그랬더니 도톤보리니 난바니 하는 곳에 데려다주더군.

그때부터 여기 말을 배우기 시작했어. 말을 배우려면 역시 마작을 놀아야 금방 배우겠지 싶더라고. 그래서 다카시마야(高島屋) 백화점 옆에 있는 마작 게임방에 기어 들어가서 마작을 시작했지 뭐야.

그랬더니 말이야, 모두들 다 꾼인 거야. 그러니 나 같은 거야

판판이 질 수밖에. 그게 말이지, 1년쯤 계속되었어. 그것도 여관에 숙박하면서. 여관비를 물어 가면서 마작을 했지.

마작을 1년쯤 지기만 하니까 마스터가, 그러니까 경영자, 그 마작 게임방 사람이 "너, 젊은 놈이 그렇게 지기만 해서 어떻게 돈을 대려고 해? 우리 가게에서 일해라." 그러더라고.

그래서 1년쯤 일을 했지. 그랬더니 그렇게 지내는 동안 매일같이 (가까운 식당에) 밥을 먹으러 오는 아가씨가 있더군. 음, 그래서 "어디에서 오셨나?" 하고 말을 붙였지. "밥을 먹으러 오니까, 오사카겠지요" 하더라고. "그래요? 말 좀 가르쳐 주지 않겠소?" 하고 부탁하니까 "네, 뭐…. 어디서 오셨어요?" 하고 묻더군. "시골에서 올라왔소." 이렇게 대답하고.

그러고 나서 "밥값이나 놓고 가겠소" 하고 만 엔짜리 한 장을 놓고 나왔지. 깜짝 놀랐을 게야! 옛날에 만 엔이면 어휴, 그 정도 돈이면 아가씨도 깜짝 놀라고도 남지. "우와―, 아저씨 고마워요" 하더군. 그러더니 우리 집에 한번 가겠느냐고 하더라고. 마누라가 살던 시골 말이야. 지금도 거기에 살아. 거기에 가지 않겠느냐고 하길래, 갔지. 그래서 부모님도 만났어.

집을 어떻게 빌리는지도 몰랐어, 나는. 그랬더니 문화 (주택) 빌린다고 해. 그래서 문화 빌렸지. 큰돈은 다 내가 전부 냈어. 부모님한테서 (빌려서). 음, 그래서 그 돈 빌려서. 그래서 가정을 꾸렸지.

그때 버스를 타려고 생각했어. 관광버스. 그런데 내가 성질이 좀 급하거든 (웃음). 그래서 택시를 타야겠다 싶었지. 그래서 택시를 타게 된 거야. 거기에 15년쯤 있었지. 그리고 다른 한 곳에 또 15년. 그렇게 30년.

(여고생 차림을 한 30대 어름의 여성이 남성과 손을 잡고 다가온다.)

— 손님 왔어요.

상관없어. 젊은 애는 몰라 (웃음). 어디까지 얘기했지? …아, 아가씨. 아가씨, 젊은 노래를 이 아저씨가 만들어 봤는데, 들어 볼 텐가? 이건 음, 여기 있는 오래된 노래(입간판에 쓰여 있는 레퍼토리의 엔카)는 아가씨가 모를 거야. 이건 옛날 옛적에 유행한 노래니까.

저기, 어떤 노래를 불러 줄까? 많이 있는데. 젊은 사람 노래도 있고, 남자만 부르는 노래도 있고, 이것저것 있는데. 어떤 노래를 부를까? 탁 훑어보고 생각나는 걸로 불러 볼까? 난 노래가 금방 떠오르는 아저씨거든.

(즉흥적인 노래)
드디어 왔습니다, 신세카이
오늘은 그녀와 데이트를 해요.

…이건 방금 만든 노래야.

(노래)

행복하게 살자고

쓰텐카쿠(通天閣)*에서

아베노 다리까지, 신세카이

어깨동무하고 걷네.

봄이 오니 장장 거리**에 꽃이 피네

좋아라 오사카, 오사카 정말 좋아

이 거리에서, 이 거리에서, 살아가는 거야—

…아저씨가 지금 감기가 걸려서, 미안해. 아저씨는 네 나이
쯤 먹었을 때 마구 연애를 걸어서 말이지. 여자가 다섯 명이나
있었어. 바람은 피우지 말고, 제대로 진지하게 해야 해.

미인 아가씨, 헤어지면 안 돼. (여성이 '고마워요!' 한다.)

---

* 오사카의 상징적인 건축물. '하늘과 통하는 높은 건물'이라는 뜻으로 신세
카이의 중심부에 있다. 국가 유형문화재.

** 신세카이의 남동부에 위치한 상점가. 길고 좁기 때문에 도리어 활기가
넘친다.

(커플은 앞에 놓인 상자에 돈을 넣지 않고 떠났다.)

저런 사람들에게 돈을 달라고, 그런 말을 하기도 그렇고 (웃음).

나가는 것과
돌아오는 것

우리는 언제나 어디에 가든 있을 곳이 없다. 그래서 언제나 지금 있는 곳을 벗어나 어디론가 가고 싶다.

자기가 있을 곳에 대한 이야기는 다 나왔다고 할 만큼 새로운 맛이 도는 이야기는 아니다. 그래도 역시 자꾸만 되돌아가 생각하고 또 생각하게 되는 말이다. 있을 곳이 문제로 떠오르는 때는 반드시 그것을 잃어버렸을 때든지, 아니면 그것을 손에 넣을 수 없을 때든지, 둘 중 하나다. 따라서 있을 곳은 늘 반드시, 부정적인 형식으로밖에 존재하지 않는다. 마땅히 있어야 할 곳에 있을 때라면, 있을 곳이라는 문제가 머릿속에 떠오르는 일조차 없다. 있을 곳이 문제가 되는 때는 반드시 그것이 '없을' 때에 한정된다.

소수자(minority)라고 불리는 사람들, '당사자'라는 말을 듣는 사람들은 더 말할 것도 없지만, 우리들 다수자나 이른바 '보통 시민'은 모두 기본적으로 자기가 있을 곳이 없다고 생각하면서 살아가고 있다. 일이나 가족이나 인간관계 등으로 골치가 지끈 지끈 아플 때만, 잡다한 일에 마음이 얽매여 눈코 뜰 새 없을 때만, 우리는 있을 곳의 문제를 잊고 지낼 수 있다. 우리에게 있을 곳이란 없든지, 아니면 일시적으로 그 문제를 잊고 있을 뿐이든지, 둘 중 하나다.

우리는 어디에 있어도, 누구와 있어도, 있을 곳이 없다. 비록 가족이나 연인과 함께 있어도 그렇다. 그러므로 우리는 어딘가로 가고 싶다는 생각을 늘 한다. 그리고 실제로 수많은 사람들이 바깥세상으로 한걸음을 내딛는다.

영화 〈주라기 공원〉의 대사 "Life finds a way"를 좋아한다. 생명은 언제나 반드시 '길'을 찾아낸다. 그것은 살아남기 위한 길, 이곳에서 나가기 위한 문이다.

내 강의에 들어오는 여학생 중에 언제나 자기가 있을 곳이 없다고 우는 애가 있었다. 졸업하고 빡빡한 곳에 취직했는데 어느새 회사를 때려치웠다. 워킹홀리데이로 오스트레일리아에서 1년 동안 사는가 싶었더니, 그곳을 뛰쳐나와 지금은 세계 곳곳을 방랑하고 있다. 싱가포르, 타이, 미얀마, 인도, 네팔, 방글라데시, 두바이…. 지금은 어디에 있는지 모른다. 씩씩하게 잘 지내렴.

실제로 어딘가로 이동하지 않더라도 '출구'를 찾아내는 일은 가능하다. 누구에게나 생각지도 못한 곳에 '바깥을 향해 열려 있는 창'이 있다. 내 경우에 그것은 책이었다. 나와 비슷한 사람도 많을 테지.

네모진 종이책은 그대로 온전히 바깥세상을 향해 열려 있는 네모난 창이다. 따라서 우리는 책을 읽으면 실제로는 자기 집이나 거리밖에 알지 못하면서도 여기에 없는 어딘가에 '바깥'이 있고, 자유롭게 문을 열고 어디에라도 갈 수 있다는 감각을 얻을 수 있다. 그리고 우리는 때가 오면 진정 창과 문을 열어젖히고 자기가 좋아하는 곳으로 풀쩍 뛰어나가는 것이다.

요전에 거리에서 카바레클럽에서 일하는 싱글맘과 아는 사이가 되었다. 변두리 동네 출신인 그녀 주위에는 불량한 양아치가 들끓었다. 중학교 시절에 친했던 친구들 중에 대학에 진학한 사람은 한 사람도 없다. 아니, 그뿐이 아니라 거의 태반이 고등학교조차 졸업하지 못했다. 그녀도 중학교 때 학교에도 나가지 않고 친구들과 거리를 돌아다니며 집에도 들어가지 않는 가출소녀였다.

번화가에서 스카우트되어 유흥업소에서 일하기 시작했다. 결국에는 이상야릇한 곳에서 요청이 들어와 그 일대의 최고급 클럽에서 호스티스가 되었다. 그곳에서 일류 대학을 나온 대기업의 직원이나, 최고 레벨의 신용카드인 블랙카드를 가진 실업가 손님을 상대하기에 이르렀다.

그런 업소에서 많은 여성이 그런 손님과 만나면, 개업 자금을 제공받거나 더 직접적으로는 곧장 '애인'이 되는 길을 선택한다. 하지만 그녀는 가게에 오는 손님을 보면서 자신도 그쪽에 속하는 인간이 되자고 마음먹었다고 한다.

현재 그녀는 우선 고등학교 졸업장을 취득하기 위해 야간 고등학교에 다니는 한편, 싱글맘이나 '밤일'을 하는 여성들을 지원하기 위해 활동하고 있다.

그녀에게는 밤일이 바깥세상으로 나가는 창이었다.

밤일이 좋다는 둥 나쁘다는 둥 그런 논쟁도 있겠지만, 창이라는 것은 얼마든지 주변에 널려 있구나 생각했다. 어떤 때는 책이 창이 되었고, 어떤 때는 사람이 창이 되었다. 많은 사람에게 음악도 그러할 것이다. 그것은 때로 생각지도 못한 장소로 반쯤 강제로 우리를 데리고 간다.

지금 있는 곳을 떠나 바깥으로 나간다는 것은 강렬한 해방감과 자유의 감각을 가져다준다. 하지만 동시에 고독이나 불안도 동반할 때가 많다. 따라서 우리는 때로 제자리로 돌아가고 싶다고 생각한다. 돌아갈 장소가 있는 사람도 있고, 없는 사람도 있겠지만 말이다.

우리는 어디론가 뛰쳐나가 자유로워지는 이야기만큼이나 원래 있던 장소로 돌아가는 이야기에 마음이 이끌린다.

내 친구인 어떤 젊은 여성은 부친은 일본인인데 모친은 필리핀인이다. 그녀에게 최근에 일본인 남자친구가 생겼다.

그녀의 필리핀인 모친과 모친의 형제자매들 태반은 필리핀에 거주하지 않는다. 돈벌이를 위해 미국, 남미, 유럽, 아시아, 그리고 일본으로 나가 거기에서 살고 있다. 모두 현지 사람들과 결혼했고, 열심히 일해 필리핀 집으로 돈을 보내고 있다. 그 덕분에 필리핀에 사는 조부와 조모는 집을 지을 수 있었다.

그녀의 모친을 비롯해 전 세계에 흩어져 있는 형제자매가 한 명도 빠짐없이 필리핀 본가에 모이는 날이 있다고 한다. 5년에 한 번, 이 해의 이 날이라고 정해 놓고, 그날이 되면 무슨 일이 있어도 형제자매가 전 세계로부터 본가로 기필코 날아온다.

각자 이주한 곳에서 가정을 꾸린 사람들이 한곳에 다 모이면 엄청나게 숫자가 불어난다. 가족 전체가 모이는 일은 그만큼 힘들기 때문에 5년에 하루만 그런 날을 정해 놓은 것이다.

그녀의 가족도 그날은 일본에서 필리핀으로 돌아간다. 올해 그녀는 남자친구를 데리고 필리핀에 간다고 한다.

지구상에 흩어져 있는 가족이 이주한 곳에서 따로 가정을 꾸리고, 그 새로운 가족을 데리고 한 사람도 빠짐없이 태어나고 자란 집으로 돌아온다. 어린 시절처럼 두 번 다시 함께 사는 일은 없겠지만, 5년에 한 번은 다 같이 모인다. 그날만은 전보다 더욱 불어난 가족을 데리고 와서 함께 음식을 먹고 마신다. 그러고 나서 또다시 전 세계로 흩어진다. 5년 뒤에 이곳에서 만나

자는 약속을 남기고.

난 이 이야기를 듣고 곧장 데즈카 오사무(手塚治虫)의 『불새·
망향편(火の鳥·望鄕編)』에 나오는 에피소드를 떠올렸다. 좁아터
진 지구를 버리고 이민자들이 로켓을 타고 우주로 떠난다. 그러
나 이민자들은 그곳에서 인구를 늘린 다음, 결국은 다시 지구로
돌아온다.

『불새』는 슬픈 결말을 맞이하지만, '5년마다 모이는 가족' 이
야기는 아주 행복하게 느껴졌다.

돌아올 수 있는 사람은 행복하다. 세계에는 얼마 동안 돌아올
수 없는 사람도 있고, 두 번 다시 돌아갈 수 없는 사람도 적지 않
다. 또는 처음부터 어디에도 돌아갈 곳이 없는 사람도 있다.

나하(那覇)의 번화가에서 상당히 떨어진 곳에 약간 쓸쓸한 기
노완(宜野湾)이라는 곳이 있다. 그곳 토박이인 친구가 그 동네의
스낵바에 데리고 간 적이 있다. 변두리라고까지는 할 수 없지
만, 오키나와의 조용한 주택가 안에 외따로 떨어진 가게였다.
문을 열고 들어가니 카운터에 필리핀 여자애가 있었다. 마리아
라고 했다.

마리아는 매우 '부드러운' 아이였고, 밝고, 즐겁고, 뭐라 해
도 필리핀 여자애라는 느낌이 들었다. 그런데 이런저런 이야기
를 듣는 사이에 어쩐지 눈물방울이 떨어지고 말았다.

마리아는 벌써 9년 동안 집에 돌아가지 못했다. 시골집은 마닐라에서 멀리 떨어진 작은 섬에 있다. 가족은 모두 거기에서 살고 있다. 형제자매가 일곱이나 있다. 제일 맏이이기 때문에 그녀는 동생들을 돌보기 위해 일본으로 왔다. 처음에는 가와사키(川崎)의 필리핀 펍에서 일했다. 그리고 단골손님 남자와 금세 결혼했다. 우연하게도 그 남자가 오키나와 출신이라서 함께 오키나와로 왔다.

오키나와로 돌아오자 그 남자는 곧장 일을 그만두었다. 할 수 없이 마리아는 또 호스티스 일을 시작했다. 그로부터 이혼 등 여러 가지 일을 겪었다. 그때 그녀는 이 가게에 있었다.

요전에 제일 위의 남동생이 필리핀 국내 대학에 진학했다. 그래서 그녀가 학비를 벌어야 한다. 그래서 이 가게에서 열심히 일한다. 마마상*도 좋은 사람이고. 그러나 돌아가고 싶다. (정말) 마마를 만나고 싶다.

그때 가게 문이 열리고 단골손님 아저씨들 몇 명이 우르르 몰려 들어왔다. 갑자기 마리아의 커다란 유방을 덥석 쥐더니 "이크, 더 커졌네!" 하면서 껄껄 웃었다. 마리아도 웃으면서 그 손을 뿌리쳤다. 그리고 아저씨가 맡겨 놓은 아와모리(泡盛) 소주의

---

* 일본에서 스낵바 등 술집에서 손님이나 종업원이 가게 여주인이나 여자 지배인을 부르는 호칭.

술병을 찾으러 카운터 안으로 들어갔다.

꽤 오래전, 벌써 20년도 지난 이야기인데, 오사카에서 얼마 동안 일용 막일꾼으로 살고 있었다. 그때 어느 건축 현장에서 언제나 붙어 다니며 일하던 아저씨가 있었다. 점심시간에 400엔짜리 맛없는 도시락을 먹고는 담배를 피우면서 하릴없이 이런저런 이야기를 들었다. 그럴 때면 집에 돌아가고 싶다는 말을 꺼냈다. "돌아가시면 되잖아요? 좀 있으면 일이 끝날 텐데.", "너 바보냐? 그 집 말고, 내가 태어난 집…", "아아, 태어난 집? 본가 말이죠?", "그래."

그 당시 50대 후반이나 환갑쯤이었던 그 아저씨는 30년 이상이나 본가에 돌아가지 않았다고 말했다. 단 하나, 아직 누나 집의 전화번호만은 기억하고 있다. "태풍이 오거나 지진이 나면 말이지, 별일 없느냐고, 가끔 전화만 하지."

지금 그 아저씨가 살아 있을지 죽었을지 알 수 없지만, 아마도 두 번 다시 본가에 돌아가는 일은 없었을 것 같다.

10년쯤 전에 나하에서 택시를 탔다. 그 택시 운전사 아저씨는 "난 아마미(奄美)* 사람이라 오키나와하고는 맞지 않아요" 하

---

* 가고시마(鹿児島)와 오키나와 중간에 위치하는 아마미 군도를 말한다.

고 말했다. 본토에서 온 사람이 보기에는 고만고만한 것처럼 생각하기 쉽지만, 실은 아마미와 오키나와는 상당히 복잡한 관계에 놓여 있다.

그 아저씨는 전시 중에 한반도에서 태어났다. 부모님이 아마미 출신이었다. 어릴 적에 태평양전쟁이 끝났지만 그가 있었던 지역은 '북한'이 되었다. "조선인들에게 험한 취급을 받았다"고 한다. 한국전쟁이 발발한 즈음에 겨우 일본으로 귀국해 아마미로 돌아왔다. 그에게는 아마미가 '생전 처음 보는 고향'이었다. 하지만 겨우 몇 개월도 지나지 않아 당시에는 미군정이 통치하던 '류큐(琉球)'*였던 오키나와 본도(本島)로 돈을 벌기 위해 건너왔다. 그 당시 나하는 경제 성장이 한창이었기 때문에 일거리가 많았다고 한다.

그런데 오키나와로 돈벌이를 하러 온 직후인 1952년에 같은 류큐였던 아마미는 오키나와보다 먼저 일본으로 반환되었다. 그는 오키나와에 남았고 '일본인'이 되었다. 군정 치하의 오키나와에서 그는 '외국인' 취급을 받았다. 그때부터 여러 가지 일이 있었다고 한다. 오키나와가 일본에 반환된 뒤에도 그는 줄곧 나하에 살고 있다.

그 아저씨는 조선에서 태어나 인생 대부분의 시간을 오키나

---

* 오키나와의 옛 명칭.

와에서 보냈다. 아마미에서 지낸 시간은 겨우 몇 개월에 지나지
않는다.

운전하는 동안 아저씨는 몇 번이나 "난 아마미 사람이라 오키
나와하고는 맞지 않아요" 하고 반복해서 말했다.

아마미에 있었던 몇 개월 말고는 70년 동안이나 '이방인'으로
계속 살아왔을 것이다.

우리는 여기에는 없는 어딘가를 꿈꾸며 창이나 문을 열고 나
간다. 원래 있었던 곳으로 돌아가는 사람도 있고, 돌아가지 않
는 사람도 있다.

그러한 여행 도중에는, 더 이상 나아가면 두 번 다시 원래 있
던 곳으로 돌아갈 수 없을지도 모르는 지점이 있다. 그런 경험
이 때로 찾아온다.

젊었을 때 오키나와의 모든 외딴섬을 돌아다니며, 장비 없이
혼자 잠수했다. 아는 사람도 친구도 없는 외딴섬에서는 잠수라
도 하지 않으면 시간이 남아돈다. 그렇기 때문에 헤엄도 못 치
는 주제에 스노클(snorkel)과 오리발(fin) 같은 잠수구를 갖추고
필사적으로 홀로 바닷속으로 들어갔었다.

어느 날 이시가키시마(石垣島)의 시라호(白保) 마을에서 잠수
를 하고 있었다. 태풍이 지나간 뒤끝이라 바람이 강하고, 파도
가 높았으며, 조류도 빨랐다. 바닷물도 뿌예져서 앞이 잘 보이

지 않았다.

암초(reef) 바로 앞 5미터쯤 수심까지 잠수를 했다. 그랬더니 아지랑이가 낀 것 같은 난바다의 밑바닥에 1미터가 넘는 커다란 바다거북이 나타났다.

오키나와의 바다에서 바다거북이나 상어를 만나는 일은 드물지 않다. 그 이후에도 몇 번이나 조우했다. 하지만 그때는 처음이었기 때문에 심장이 벌렁거렸다. 바다거북은 천천히 선회하더니 다시 한 번 난바다의 깊은 곳으로 돌아갔다. 나는 무의식적으로 그 뒤를 따라갔다.

꽤 먼 난바다까지 갔을 때 바다거북은 문득 내가 있는 쪽을 돌아보았다. 눈이 마주쳤다. 그때 퍼뜩 정신이 돌아왔다. 조금 더 가면 다시는 돌아올 수 없는 곳까지 갈 뻔했다.

죽고 싶지 않다는 마음으로 젖 먹던 힘까지 내어 되돌아왔다. 돌아보니 맨 처음 있었던 해변에서 뚝 떨어진 먼 곳까지 흘러와 있었다.

비슷한 무렵이었는데, 워낙 밤중에 혼자 산책하는 것을 좋아하는지라 몇 시간이나 하염없이 오사카의 거리를 걸었다. 오사카 거리는 휘황찬란하고 대낮처럼 밝았다. 당시 살고 있던 요도가와(淀川) 강가는 밤이 되면 고요하고 깜깜했다.

그런 곳을 자주 걷곤 했다. 어느 날 깜깜한 뒷골목을 걷고 있는데 앞쪽에서 노인 한 사람이 다가오는 것이 보였다.

드문드문하게 켜져 있는 가로등 불빛을 받으며 서로 조금씩 거리를 좁혀 갔다.

바로 앞까지 왔을 때에야 알아보았다. 그 노인은 벌거숭이였다. 손에는 목욕탕에 갈 때 들고 가는 작은 통이 들려 있었다.

지금 돌이켜 보면 발가벗고 목욕탕에 간다는 것은 더할 나위 없이 합리적인 행위지만, 그때에는 심장이 딱 멈출 것 같았다.

그때는 자칫하면 어디론가 끌려가 다시는 돌아올 수 없지 않을까 하는 생각이 들었다. 진심으로.

웃음과
자유

며칠 전, 어느 지방 의회에서 여성 의원에 대해 남성 의원이 대단히 심각한 성희롱을 했다. 매스컴에서도 그 문제를 대대적으로 다루었다. 그때 인상적인 점은 성희롱 발언을 하던 바로 그때, 여성 의원의 얼굴에 감돌았던 희미한 웃음기였다.

그 웃음은 도대체 무엇이었을까 궁금하다.

일로도 그렇고, 개인적으로 다양한 사람들과 사귀고 있다. 특히 연구나 교육, 사회 활동 관계로 이른바 마이너리티, 차별, 인권과 관련해 활동하는 사람들과 친구가 되는 일이 많다.

내가 진심으로 존경하고 신뢰하는 재일 코리안 남성인 친구가 있는데, 그는 언제나 시시껄렁한 이야기만 한다. 여기에서는 자세하게 기술하지 않겠지만, 진중하지 못하고 자학적인 이야깃거리를 입에 담을 때가 많다. 휴대 전화의 착신 신호를 보고 전화를 받으면, "안녕하십니까. 북한 스파이입니다" 하는 식이다. 진중하지 못하다고 하기 이전에 무심코 말을 흘릴 때가 많다. 그럴 때는 어떻게 대꾸를 해야 좋을지 모르겠다. 그래서 대개는 우물우물 적당히 대충 넘긴다. 평상시에 그가 얼마나 성실하고 소박하고 진지하게 활동하고 있는지를 잘 알고 있기 때문에, 언제나 더더욱 당황스럽다.

오키나와의 기지 문제나 오키나와 전쟁 연구로 대단히 저명한 분에게서 '내지 유학' 이야기를 들은 적이 있다. 오키나와에서는 미국의 반환 이전에 일본 본토의 대학이나 대학원으로 진학하는 일을 '내지 유학'이라거나 '본토 진학'이라는 식으로 불렀다. 본토에 가려면 여권이 필요한 시절이었다. 딱 한 번 그분 가족과 친척이 오키나와에서 자기를 만나러 본토에 온 적이 있다고 한다. 그들은 도쿄 시내의 번화가 한가운데에서 만나기로 약속했다. "저쪽에서 얼굴이 새까만 사람들이 오는 것을 보고 어디에서 온 토인인가 했더니, 에구 엄마야, 우리 가족인 거야." 그는 이렇게 말하며 박장대소했다. 난 애매하고 어정쩡하게 웃는 둥 마는 둥, 조그맣게 아하하 하고 웃을 수밖에 없었다.

피차별 부락 문제를 연구하는 내 아내 사이토 나오코(斉藤直子)가 간사이에 있는 피차별 부락의 청년회 사람들과 자동차로 이동하고 있을 때였다. 그들은 우연히 다른 피차별 부락 옆을 지나쳤다. 그때 청년들은 "흠, 이상한 냄새가 나는데", "왠지 쿰쿰해", "여기, 부락이야?", "응, 부락이야" 하면서 깔깔 웃었다고 한다.

워낙 하는 일이 이러한지라, 부락이나 오키나와 이야기를 많이 적었다. 물론 특정한 차별 문제나 사회 문제와 관련이 있는 곳에서만 이런 웃음이 터져 나오는 것은 아니다. 그런 곳은 주변 곳곳에, 정말로 구석구석에 포진해 있다.

나는 아이가 생기지 않는다. 심한 무정자증이기 때문이다. 어느 날 아내가 흐느껴 울면서 병원의 검사 결과를 갖고 왔다. 그때 나는 그 이야기를 들으면서 '난 안전한 사내였잖아. 그럴 줄 알았으면 결혼하기 전에 더 실컷 놀 수 있었는데' 하고 딴 정신을 팔았다.

아니, 그게 아니다. 더 정확히 말하면, '이건 난 안전한 사내였잖아. 그럴 줄 알았으면 결혼하기 전에 더 실컷 놀 수 있었는데 하는 이야깃거리가 될 수 있겠는걸' 하는 생각이 들었다. 순간적으로 이 이야기를 어떻게 하면 웃을 수 있는 이야깃거리로 만들 수 있을까를 생각했던 것이다.

불현듯, 무의식적으로, 순간적으로, 난 그 사실을 이야깃거리로 삼음으로써 어떻게든 견딜 수 있었다. 물론 그로부터 몇 년이 지난 지금도, 그 일을 마음속에서 '정리'하는 것은 불가능하다. 꼭 남에게 말하지 않는다 해도 자기 안에서 스스로를 향해 웃음으로써 어찌 해 볼 도리 없는 자기 자신과 어떻게든 대면할 수 있다.

그것은 그 자리에서만 통하는, 부질없는, 한순간의 일이지만, 그럼에도 그 한순간을 이어 붙임으로써 어떻게든 인생을 지속해 나갈 수 있다.

가끔은 수업이나 강연에서 내 이야기를 할 때가 있다. "검사 결과를 들었을 때 '난 안전한 사내였잖아. 그럴 줄 알았으면 결혼하기 전에 더 실컷 놀 수 있었는데' 하고 생각했답니다. 허허." 이렇게 말해서 청중의 웃음을 터뜨린 적은 이제까지 한 번도 없다.

우리는 우리 인생에 꽉 묶여 있다. 우리는 자신의 인생을 처음부터 선택하는 것이 불가능하다. 무언가 아주 불합리하고 복잡한 사정에 의해, 어느 특정한 시대의 특정한 장소에서 태어나, 다양한 '불충분함'을 떠안은 '나'라는 것에 갇혀, 평생을 살 수밖에 없다. 우리가 살아갈 수밖에 없는 이 인생이란 것은 종종 퍽이나 쓰라리다.

무언가로 상처를 입었을 때, 무언가에 상처를 입혔을 때, 사람은 우선 입을 다문다. 꾹 참으면서 견딘다. 또는 반사적으로 화를 낸다. 소리를 지르거나 말대꾸를 하거나 노려보기도 한다. 때로는 손찌검을 하는 일도 있다.

그러나 한편 웃을 수도 있다.

마음이 아플 때의 반사적인 웃음도, 당사자에 의해 웃음거리가 되는 자학적인 웃음도, 나는 둘 다 인간의 자유 그 자체라고 생각한다. 인간의 자유는 무한한 가능성이나 무엇과도 바꿀 수 없는 자기실현 같은, 말만 그럴듯한 것과는 하등 관계가 없다. 그것은 그렇게 거대하고 용장한 서사 속에 없다.

적어도 우리에게는 가장 괴로울 때 웃을 자유가 있다. 가장 힘든 상황 한복판에서조차 거기에 얽매이지 않을 자유가 있다. 사람이 자유다. 이 말은 선택지가 충분히 있다든가 가능성이 많다는 말이 아니다. 아슬아슬하게 겨우 버티고 있는 꽉 막힌 현실의 끝자락에서, 딱 한 가지뿐인 무언가가 남겨져 그곳에 존재한다. 그것이 자유라는 것이다.

당사자만 그런 것이 아니다. 언어라는 것은 단순한 도구가 아니다. 베이면 피가 나온다. 그런 언어를 '끝내 받아들인' 사람들도 이미 타인은 아니다.

남의 이야기를 듣는다는 것은 어떤 인생 속으로 들어간다는 뜻이다.

난 비참한 이야기를 들었을 때 웃는 버릇을 도저히 고칠 수 없다. 최근에는 가난한 지역 등지에서 다양한 지원 활동을 벌이는 사람들로부터 "기시 마사히코 씨가 좋아할 만한 이야기가 있어요" 하는 말을 자주 듣는다. 막상 들어 보면 빈곤과 폭력 등 차마 듣기 괴로운 이야기다. "저, 딱히 그런 이야기를 좋아하는 것은 아닙니다만⋯." 나도 모르는 사이에 그런 이야기를 들으면서 자주 웃기 때문에 오해를 사는 듯하다.

그것이 어떠한 성격의 웃음인지 설명하기는 어렵다. 물론 괴로운 이야기를 듣고 비웃는 뜻으로 웃는 것은 아니다. 하지만 그럴 때 반사적으로 짧고 날카롭게 건조한 웃음소리가 비어져 나온다.

나는 타인이 괴로워하는 이야기를 들었을 때, 그 내용이 지독하면 지독할수록 싸구려 눈물을 흘리거나 분노를 표출하고 싶지 않다. 그러니까 참담한 이야기를 들으면 몸이 떨리는 감정이 출구를 찾아내어 웃음으로 삐질삐질 배어 나오는지도 모른다.

스에이 아키라(末井昭) 씨의 『자살(自殺)』이라는 책이 있다. 스에이 씨의 모친은 젊었을 때 애인과 다이너마이트로 동반 자살했다. 모친은 그야말로 산산조각이 나 버린 것이다. 그는 이 체험을 오랫동안 누구에게도 이야기할 수 없었다. 어느 날 마음을 다잡고 시노하라 가쓰유키(篠原勝之) 씨에게 털어놓았을 때, 그는 웃으면서 들어 주었다고 한다. 그 일이 있은 뒤, 그 이야기를 타인에게 이야기하는 것이 훨씬 편해졌다고 한다.

내 웃음이 그 웃음과 똑같다고 말하는 것은 아니다. 다만 언제나 생각하는 바지만, 그때 시노하라 가쓰유키 씨가 '일부러 웃었다'면 어떻게 되었을까? 아마도 그것은 스에이 씨에게 깊은 상처를 주는 결과로 끝났을 것이고, 스에이 씨는 다른 누구에게도 자신의 체험을 이야기할 수 없게 되었을 것이다. 그렇다면 그의 훌륭한 책도 세상의 빛을 보지 못했을 것이다.

내 멋대로 상상한 것인데, 시노하라 가쓰유키 씨는 그의 이야기를 듣고 웃음거리로 삼았던 것도 아니고, 표면적으로 재미있어 한 것도 아니라고 생각한다. 그저 그 이야기를 듣고 웃을 수밖에 없었을 것이다.

우리는 비참한 상황에 내몰렸을 때, 오로지 그것 때문에 괴로워하고, 인내하고, 어금니를 꽉 물고 참는다. 그렇게 함으로써 우리는 '피해자' 같은 것이 되어 간다.

아니면 우리는 정면으로 맞붙어 싸우고, 이의를 제기하며, 모든 수단을 통해 호소함으로써 어떻게든 그 상황을 전복하고자 한다. 그때 우리는 '저항자'가 된다.

그러나 우리는 그러한 몇몇 선택지로부터 달아날 수도 있다. 아무리 해도 달아날 수 없는 운명의 한가운데에서 스리슬쩍 새어 나오는 진중하지 못한 웃음은 인간의 자유를 표현하는 하나의 상징이다. 그러한 자유는 피해자의 고통 안에도, 저항하는 자의 용기 있는 싸움 안에도 존재한다.

어슐러 K. 르 귄(Ursula K. Le Guin)의 어스시(Earthsea) 시리즈 4권 『테하누(Tehanu)』에 아주 인상적인 장면이 나온다. 마법사 게드

의 '반려자'인 테나라는 여성은 테루라는 수양아들을 키우고 있
다. 테루는 아직 어린아이지만, 말로 표현할 수 없는 음험한 일
을 당한 나머지, 얼굴 반쪽이 화상 흔적으로 문드러져 있다. 테
나는 마음에 상처가 많은 테루를 진심으로 사랑한다. 물론 그의
얼굴을 뒤덮은 흉터에도 사랑을 쏟는다.

그러나 이런 장면이 있다. 어느 날 밤 테나는 깊이 잠들어 있
는 테루의 얼굴을 들여다보는 사이에 문득 손바닥으로 얼굴의
흉터를 가린다. 그러자 아름다운 피부를 가진 어린아이의 잠든
얼굴이 떠오른다.

테나는 금방 손바닥을 치우고, 아무 낌새도 차리지 못하고 잠
들어 있는 테루의 얼굴 상처에 입을 맞춘다. 웃음과는 별 상관
없는 장면이지만, 이 장면에는 내가 말하고 싶은 것이 모조리
담겨 있는 것처럼 느껴진다. 테나는 테루의 흉터를 포함해 모든
것을 사랑하고 있다. 그러나 어느 날 불현듯 손바닥으로 흉터를
가리고 티 없는 얼굴의 테루를 상상한다. 그것은 아무에게도 알
려지지 않은, 아주 짧은 한순간이다. 하지만 이 묘사에 의해 그
무엇과도 바꿀 수 없는 것을 있는 그대로 모조리 받아들이는 테
나의 애정으로부터 온갖 겉치레나 명분은 깨끗하게 사라진다.

어떤 종류의 웃음이란 마음속 가장 깊은 구석에 나 있는 캄캄
한 구멍 같다. 무슨 일이 있으면 우리는 거기에 숨어 들어가 바
깥세상의 돌풍을 넘겨 낸다. 그렇게 우리는 균형을 취하며 겨우

겨우 살아가고 있다.

　마지막으로 이야기 하나를 적어 본다. 이것도 진중하지 못한
웃음에 대한 이야기이기는 하지만, 지금까지 해 온 이야기와는
약간 이질적일지도 모른다. 나도 말로 온전히 표현할 수는 없지
만, 어딘가 이어져 있다고 생각한다.

　루이스는 남미에서 태어난 젊은 게이이다. 처음 만났을 때는
그런 사실을 몰랐다. 단지 재미있고 마음이 곱고 명랑하고 잘
웃는 놈이라고 생각했다. 루이스와 두 번째 만난 날 밤, 친구들
과 어울려 시끄럽게 떠들며 술을 마시며 온갖 이야기를 하는 동
안에 '어라?' 하고 의아한 적이 있었다. 대화 중에 우연히 만화
가 다가메 겐고로(田亀源五郎) 이야기가 나왔었다. 남미 출신으로
어릴 적에 일본에 와서 별다를 것 없는 삶을 살아온 루이스가
유명한 게이 아티스트 다가메 겐고로를 어떻게 알고 있을까?

　야심한 밤이라 나도 꽤 취했기 때문에 주저하지 않고 "너, 게
이지?" 하고 물었다. 순간적으로 침묵이 흐르더니 루이스는
"어어, 그래요" 하고 대답했다.

　그때부터 그쪽 이야기로 흘러갔고, 모두들 루이스에게 게이
에 대한 여러 가지 이야기를 주워들었다. 나와 루이스는 친구가
되었고(그 자리에 있던 사람 모두 루이스와 친구가 되었다), 그에 관한 것
을 책에 썼다.

아우팅(outing)이라는 말이 있다. 다양한 의미로 쓰이는 말이지만, 예컨대 게이라는 것을 숨기고 살아가는 사람을 지목해 모두에게 까밝히는 일 등을 가리킨다. 따라서 스스로 결심하고 공개하는 커밍아웃과는 전혀 다르다. 그것은 절대로 해서는 안 되는 일 중 하나다.

당연한 얘기지만, 난 그 이전에도 그런 일을 한 적이 없고 그 이후에도 하지 않았다. 나는 루이스가 게이인지 아닌지 몰랐지만 우연히 그 사실을 '맞혀 버렸다.' 그런데 이것도 아우팅의 일종이다.

그날 밤 그 일은 평생 오직 한 번밖에 오지 않는 타이밍이었다. 죽을 때까지 다시 오지 않을 것이다.

다만 그날 밤, 난 진정으로 기뻤다. 즐거웠다. 진심으로 웃었다. 루이스도 자주 그날 밤 일을 떠올리면서, 만약 그 한마디가 없었다면, 이렇게 모두에게 자신이 게이라고 밝힐 수는 없었다고 말한다.

손바닥의
스위치

생일을 축하하는 의미를 오랫동안 알지 못했는데, 최근에 와서야 겨우 이해할 수 있게 되었다. '단지 그날에 태어났을 뿐'인데 어째서 축하한다는 말을 해 주거나 듣지 않으면 안 될까? 줄곧 그런 의문점이 머릿속에서 똑똑하게 풀리지 않았다. 그러나 그날만큼은 우리가 아무것도 해내지 않아도 축복받는 일이 가능하다. 생일은 1년에 한 번, 반드시 모든 사람에게 돌아온다. 아무것도 하지 않고 그날을 맞이하는 것뿐인데 축하의 말을 듣는다. 생일이란 그런 것이었다.

자주 듣는 이야기인데, 남편이 바람피우는 것을 아내뿐 아니라 아이들에게도 들키면 가족관계가 최악으로 치닫는다. 아이들은 어른이 되면 집을 떠난다. 그러면 남편과 아내만 남는다. 며칠 전 직접 아는 사람은 아닌데 그런 이야기를 또 들었다. 그때 우리가 이야기한 것은 육아가 끝나 아이들이 떠나간 뒤에 부부 두 사람만 남을 텐데, 그런 상태로 그 후 몇 십 년이나 함께 살아갈 수 있을까라는 물음이었다.

일반적으로 생각하면 이혼하는 편이 낫다는 것은 두말할 나위 없다. 그러나 아내는 오랫동안 전업주부였고, 아르바이트나 파트타임 말고는 밖에서 일을 해 본 경험이 거의 없다. 따라서 남편의 수입에 의존할 수밖에 없다. 이 사회는 언제나 여성에게 주어지는 선택지가 적게 생겨 먹었다.

이런 이야기만 주구장창 듣기 때문에 학생들에게도 여자 혼자서 살아갈 수 있을 만큼 최소한의 수입은 확보하는 것이 좋다고 말해 준다. 그러나 내 수업이 따분한 탓도 있겠지만, 모든 학생에게 내 말이 잘 전해지지는 않는다. 지금도 화려한 결혼식이나 가족의 사랑이 지켜 주는 전업주부의 이미지는 엄청나게 강하다.

여성이든 남성이든 심신에 특별한 사정이 없는 한, 혼자 먹고 살 만큼의 생활비는 확보해 두어야 한다는 것, 이는 웬만큼 나이를 먹은 사람이라면 정치적 입장을 불문하고 대부분 상식으로 여기고 있을 것이다. 그러나 인생에서 일어날 수 있는 어떤 위험 요소를 생각한다는 것은 우리가 갖고 있는 '행복'의 이미지와 거리가 멀다. 그러므로 사회학이라는 것 자체가 괴로운 세상사나 비극적인 일만 이야기하고, 자기들을 한 사람씩 떼어 놓는 것이라고 오해하는 사람이 있다.

우리가 갖고 있는 행복의 이미지는, 때로, 다양한 형태로, 그것을 얻을 수 없는 사람들에게 폭력이 된다. 이를테면 행복을 믿은 탓에 행복에서 길을 벗어나 버렸을 때는 이미 대처할 수 없을 만큼 손을 쓸 수 없는 상태일 경우가 있다.

그러나 그와는 완전히 별개로 더욱 단순하게, 그러한 이미지 자체가 남에게 상처를 줄 때가 있다.

요전에 도쿄에 있는 유명한 패션 빌딩의 텔레비전 광고가 도마 위에 오른 일이 있었다. 한 여성이 회사 선배 남성으로부터 옷차림이 후줄근하다고 놀림을 당한다. 그 남성은 머리 모양이나 복장에 신경을 더 쓰고 있는 다른 여성 사원을 보고 좀 배우라는 듯, 귀엽고 예쁘다고 칭찬한다.

이 광고는 놀랍게도 그런 말을 들은 여성이 이렇게 중얼거리며 끝맺는다. "내가 게을렀구나. 좀 더 분발해서 예뻐져야지."

누가 보더라도 문제가 많은 광고였다. 아니나 다를까, 제작자는 금방 사죄하고 광고를 철회했다. 이것은 명확하게 성희롱이지만, 이 지경까지는 아니더라도 가족이나 결혼은 이래야 한다든지, 여성이나 남성은 이래야 한다고 굳게 믿고 있다. 그것이 우리를 꼼짝 못하게 얽어매는 사슬이 되고 있다.

그리고 거기에서 빗겨 나는 사람, 또는 '빗겨 났다고 여겨지는 사람'은 자기가 잘못한 것이 없더라도 더 이상 행복해질 수 없는 것처럼 느낀다.

어린아이는 이 사회에서 가장 이해하기 쉽고 강력한 행복의 상징이다. 결혼하면 '아이를 낳는 것이 당연'하다고들 여긴다.

그러나 아이 사진을 프린트해서 연하장을 보내는 친구들과는 역시 조금씩 사이가 멀어져 버린다. 물론 친한 친구들이 임신하고 출산하면 진심으로 축하한다. 그렇지만 어느덧 자연스레 대화가 어긋나고, 어쩐지 어색한 사이가 되어 버리는 경우가 있다. 특별히 아이가 있다는 것을 질투하거나 비뚤어지게 바라보지 않는다 하더라도, 그냥 '자연스레' 소원해진다. 그럼으로써 아아, 우리는 저러한 세상의 행복에서 '자연스레' 멀어져 가는구나 하고 실감한다.

실제로 나는 애 키우는 수고나 학부모회 같은 것을 알지 못한 채 살아왔다. 그래서 만약 친구들과 모였는데 대화가 그런 주제로 흘러가면, 입을 다물 수밖에 없다.

질투나 옥생각을 품고 있지 않더라도 사람들은 종종, 진심으로, 항상, '아이는요?'라는 물음을 입에 올린다. 그럴 때 아무렇지도 않게 '아, 아이는 없어요' 하고 대답할 수는 있다. 하지만 이를테면 '시끄럽게 구는 애가 없으니 좋겠어요'라든가, '부부 금슬이 좋으니까 뭐 괜찮지요' 하는 말도 자주 듣는다.

어쨌든 그런 까닭에 행복의 이미지란 우리를 옭아매는 사슬과 같아지는 때가 있다. 동성애자, 독신, 아이가 없는 사람 등 가족이나 결혼에 관해서만 보더라도 이렇게 다양한 삶이 있다.

뿐만 아니라 직업이나 취미 등 살아가기 위해 우리가 취하는 온갖 것에는 무언가 '좋은 것'과 '좋지 않은 것'이 정해져 있고 구별되어 있다.

이 지점에서 몇몇 사고방식으로 나뉜다. 아마 그중에서도 가장 올바른 것은, 그러니까 극단적으로 말하자면, '좋다'고 생각하기를 그만두어 버리는 것이다. 또는 그렇게까지는 하지 않더라도, 그것이 '일반적으로 좋은 것'이라고 말하는 것을 그만두는 것이다.

어떤 사람이 좋다고 생각하는 것이 다른 사람들에게는 폭력으로 작용하고 마는 것은 왜일까? 그것은 그 생각을 말할 때 철저하게 개인적으로, '나는 이것이 좋다고 생각한다'는 어법이 아니라 '그것은 좋은 것이다. 왜냐하면 그것은 일반적으로 좋다고 여겨지고 있기 때문이다' 하는 어법을 취하기 때문이다.

완전히 개인적으로 나만의 '좋은 것'이라면 누구를 상처 입힐 일도 없다. 거기에는 원래부터 나 이외의 존재가 포함되어 있지 않기 때문에 누구를 배제하는 일도 없다. 그러나 '일반적으로 좋다고 여겨지고 있는 것'은 거기에 포함되는 사람들과 거기에 포함되지 않는 사람들 사이의 구별을 자동적으로 짓는다.

'나는 이 색깔 돌이 좋아'라는 말은 거기에 아무도 포함되지 않기 때문에 아무도 배제하지 않는다. 그러나 '이 색깔 돌을 갖고 있는 사람은 행복해'라는 말은 그 돌을 갖고 있는 사람과 갖고 있지 않은 사람의 구별을 낳는다. 한마디로 여기에는 행복한 사람과 행복하지 않은 사람이 나타난다.

그러므로 우선 우리가 해야 할 일은, 좋은 것에 대한 모든 말을 '나는'이라는 주어로 시작해야 한다는 것이다. 또는 어떤 색깔 돌을 갖고 있는지 아닌지 하는 것과 행복한지 아닌지 하는 것을 따로 떼어 내 생각하는 것이다.

어떤 남녀가 결혼했다는 것, 그것을 축복한다는 것은 그러한 것이다. 우리는 좋아하는 이성과 맺어지는 것이 행복하다고 생각한다. 그리고 눈앞에 그렇게 맺어진 두 사람이 있다. 이 두 사람은 행복하다. 그래서 축복한다.

결국 여기에는 좋아하는 이성과 맺어진 일이 당사자뿐만 아니라 세상 일반에 행복한 일이라는 사고방식이 전제로 깔려 있다. 이러한 사고방식, 어법, 축복의 방식은 동시에 좋아하는 이성과 맺어지지 못한 사람들은 불행하다든가, 아니면 적어도 이두 사람만큼 행복하지 않다는 의미를 필연적으로 띠고 만다.

그렇게 해서 두 사람의 결혼을 축복한다는 것 자체가 독신이나 동성애자에게는 저주가 되는 것이다.

이렇게 볼 때 우리가 '올바르게' 있기 위해서는 애초부터 사랑하는 이성과 짝을 이루는 일을 그만두든지, 아니면 적어도 그것을 축하하는 것을 그만두는 수밖에 없다. 그렇게 하면 더 이상 그 누구에게도 상처를 주는 일은 없다.

요컨대 좋은 것과 나쁜 것을 나누는 규범을 모조리 갖다 버려야 한다. 규범이란 반드시 그것에 의해 배제당하는 사람들을 산출하기 때문이다.

그러나 동시에 우리의 작고 단편적인 인생에서 사소한 행복이란 그러한 규범, 또는 '좋은 것'으로 이루어져 있다. 우리에게는 사소하고 좋은 것을 모두 놓아 버리는 일이 매우 어렵다.

나와 아내는 무의미한 의례를 싫어한다. 따라서 결혼할 때에도 결혼식은 물론이고, 아무것도 하지 않았다. 하지만 학생이나 졸업생 가운데 꽤 높은 비율의 젊은 여성들이 결혼식에 대한 소박한 동경을 갖고 있다는 사실을 알고 놀랐다. 뒤풀이 자리에 가면 자주 그런 이야기가 나온다.

"왜 그렇게 결혼식을 치르고 싶은 거니?" 이렇게 몇 번이나 물어보았지만, 쉬 납득할 수 있는 대답은 없었다. 그러나 어렴풋이 그날만큼은 어여쁜 드레스를 입고 모든 이들에게 '참, 예쁘구나, 축하해' 하고 축복을 받고 싶다는 마음은 이해한다.

우리는 보통 노력해서 무언가를 성취하는 것에 대해서는 칭찬받거나 인정받기도 한다. 그렇지만 단지 거기에 존재하는 것만으로 '축하해, 정말 잘된 일이야, 참 예뻐' 하는 말은 좀처럼 들을 수 없다. 그래서 그런 날이 평생 동안 하루만이라도 있다면, 그것으로 우리는 살아갈 수 있는 것이다.

실제로 졸업생의 결혼식에 자주 초대를 받는다. 신랑도 신부도 정말 멋지고 화려하고 축복을 받기에 모자람이 없다. 난 진심으로 축하한다고 말해 준다.

 그러한 행복이란 처음에 쓴 대로, 거기에서 배제당하는 사람들을 낳는다는 의미에서 폭력이기도 하다. 난 친구나 졸업생 결혼식에 가는 것을 즐거워하고, 실제로 진심으로 축복한다. 그럼에도 다른 내빈이 인사말로 '하루라도 빨리 건강한 아기를 낳기 바란다'든가 '자식 복이 많기를 기원한다'는 말을 들으면 심경이 매우 복잡해진다.
 그럴 때 난 언제나, 정말로 할 말이 없다. 행복이 폭력을 동반한다고 해서, 그렇기 때문에 행복을 내버려야 할 것인가. 극단적인 이야기지만, 헤테로섹슈얼(이성애)인 사람들이 결혼식을 거행한다는 것, 그것만으로도 동성애자들에는 억압이 될 수 있다. 우리는 그런 것을 어떻게 축복할 수 있을까.
 또한 이런 일도 있었다. 며칠 전에도 술자리에서 졸업생 여성이 남자친구의 수입이 너무 적어서 결혼할 수 없다고 울기 시작했다. 난 그때 단순하게 '꼭 결혼식을 해야만 할까'라고 생각했다. 그래도 순수하게 그런 것을 동경하고, 그런 행복을 원하는 여성이 눈앞에서 울고 있는데, 그런 말을 입 밖으로 꺼낼 수는 없었다. 그녀에게는 그런 것이 너무나 중요하기 때문이다.
 나도 불임 치료 때문에 곤욕을 치르고 있을 때 자식이 인생의 전부가 아니라고 하는, 그런 듣기 좋은 말을 듣는 것이 제일 불쾌했다.

예를 들어 여성은 젊고 예쁘고 귀여워야 한다는, 흔하디흔한 규범이 있다. 그것은 우리를 옭아매는 족쇄이며 수많은 사람들을 배제하는 폭력이다. 그렇다고 해서 여성이 예쁘게 치장하는 것 자체를 폭력과 등치시켜 부정하기는 대단히 어렵다.

여기에 한 가지 사고방식이 있다. '다양한 가치관을 존중하자'는 것이다. 멋을 내거나 화장을 하는 것 자체가 나쁘다는 것이 아니라, 그것을 타자가 또는 사회 전체가 강요하는 것을 부정하자는 말이다. 이를테면 무신경한 상사가 외모를 흠잡아 놀리는 것이 못마땅해서 외모를 꾸민다면, 그것은 대단히 굴욕적이다. 하지만 자기 나름대로 개성적인 가치관과 신념을 갖고 치장을 한다면, 그것은 전혀 나쁜 일이라고 할 수 없다는 말이다.

그러나 바로 이 지점에 이르러 난 정말이지 뭐가 뭔지 도통 모르겠다. 우리는 '실제로' 얼마나 개성적일까? 우리는 진정으로 사회적으로 공유하는 규범의 폭력을 일제히 떨쳐 버릴 수 있을 만큼 탄탄한 '자기 자신'이라는 것을 갖고 있을까?

도리어 우리는 그렇게까지 개성적인 옷을 입기보다는 일반적으로 예쁘장하고 귀여운 옷을 입고, 일반적으로 예쁘장하고 귀엽다는 말을 모든 사람에게 듣고 싶은 것은 아닐까? 개성적이라는 것은 고독하다. 우리는 그 고독을 견딜 수 있을까?

애초부터 행복이란 어디에나 있을 법한, 시시껄렁한 것은 아닐까?

어릴 적 나는 언제나 손바닥 안에 보이지 않는 스위치를 쥐고 있었다. 무언가 곤란한 일이 있으면 공상 속에서 '탁' 하고 스위치를 누른다. 그러면 모든 일이 술술 풀리는 상황을 늘 상상했다. 초등학생까지였을까. 꽤 나이를 먹을 때까지 무의식중에 언제나 손에 스위치를 쥐고 있었던 것 같다.

스위치를 누르고 싶은 장면은 숱하게 있었지만, 특히 내 머릿속을 가장 강렬하게 점거하고 있던 것은 외모에 대한 열등감이었다. 난 자신의 외모가 끔찍하게 싫었다.

난 어쨌든 꼴 보기 싫은 내 모습에 심각하게 열등감을 느끼고 있었다. 외모만은 아니다. 지금도 그렇지만, 어릴 때도 몸의 움직임이 극단적으로 어색했다. 스포츠, 더군다나 구기 종목은 완전히 꽝이었고, 그 점에도 강한 열등감을 갖고 있었다. 그렇다고 인기가 전혀 없었던 것은 아니다. 그러나 타인에게 어떤 평가를 받느냐는 것과는 별도로, 여하튼 좀 더 멋있게 생긴 외모를 갖고 태어나고 싶었다. 초등학생 때는 그 생각만 했다.

돌이켜 보면 정말 한심하고 별 볼일 없는 문제로 끙끙댔구나 싶다. 그러나 이 나이가 되도록 아직도 때때로 상상해 본다. 잘생기고, 행복하고, 아무것도 부족할 것 없는 완벽한 인생을 살고 있는 자신을⋯. 남에게 칭찬받고, 평안하고, 아무 잘못도 저지르지 않은 인생을⋯. 가족과 더불어 행복한 인생을⋯.

지금 현실적으로 그러하듯, 매일 무사하게 지내는 것만으로도 무척 행복한 인생이라고 할 수 있다. 우리의 인생은 부족한 것투성이, 아귀가 잘 맞지 않는 것투성이다. 그것은 껄끔껄끔하고, 고통과 괴로움으로 가득 차 있고, 어릴 적에 생각했던 것보다 훨씬 잘고, 협소하고, 단편적이다.

아무것도 하지 않는데도 '귀여워', '잘생겼어', '축하해', '참 잘했다', 그리고 '사랑해' 같은 말을 듣는다는 것은, 우리와 가장 멀리 떨어진, 그리고 우리에게 가장 중요하고 덧없는 꿈이다. 그리고 동시에 그것은 다른 사람들에게 상처를 줄 때가 있다. 그러므로 나는 정말 어떻게 하면 좋을지 모르겠다.

타인의

손

　　　　　　타인을 싫어하고 혼자 있는 것을 좋아하지
만, 가끔은 남의 손이 그리울 때가 있다.

　낯모르는 타인과의 신체적 접촉은, 대개의 경우 고통을 동반
한다. 도시에 살고 있으면 피부로 실감하겠지만, 타인이 없는
공간은 돈이 제일 많이 든다. 독실, 특석, 비즈니스클래스, 또
는 단순히 테이블과 테이블 사이에 충분히 여유를 확보한 카페
나 레스토랑 등. 사람이 많은 곳에서 사람이 없는 공간을 확보
하려면 돈이 최고로 많이 든다. 역시 모두들 타인의 신체와 함
께 부대끼는 일이 힘든 것이리라.
　때로 도쿄에 출장을 갔을 때 콩나물시루 같은 전철을 보면,
정말로 놀라움을 금치 못한다. 모두들 잘도 참고 있구나 싶다.
참아 내지 못하면 살아갈 수 없기 때문에 참아 내는 수밖에 달
리 방도가 없겠지만.

　실제로 신체를 접촉하는 것 이외에도, 신체의 동작을 타인과

억지로 맞추어야 하는 것도 못 견디게 불쾌하다. 그것은 거의 강제로 신체적인 접촉을 해야 하는 혐오감과 별반 다르지 않다.

이미 25년도 넘은 옛날 일이지만, 오사카에서 홀로 여기저기 재즈 라이브하우스에 다니고 있었다. 그때, 딱 한 번 실수로 '샹송' 가게에 들어간 적이 있다. 연주가 시작되고 나서 '앗, 큰일이다, 이걸 어쩌지…' 하고 후회했다. 하지만 손님은 나밖에 없었다.

손님이 혼자뿐인 이 상태에서 연주 도중에 가게를 나가 버리면 실례일 것 같아 잠시 동안 참고 노래를 듣고 있었다. 독특하게 하늘거리는 드레스를 입은 홀걸 언니가 마이크를 들고 노래를 부르며 내 쪽으로 다가왔다. 그러고는,

"오, 샹젤리제"

하고 노래하더니 마이크를 나한테 들이댔다. 내게도 '오, 샹젤리제' 하고 노래하라는 것이다. 열여덟 안팎이었던 당시의 나는 너무 어렸던 탓에 그런 숫기가 있을 리 없었다. 아마도 얼굴이 새빨개져서 아무 말도 못하고 후다닥 가게를 뛰쳐나왔다.

나이를 마흔일곱이나 먹고 보니 그런 쓸데없는 자의식은 겨우 떨쳐 버릴 수 있었다. 지금이라면 부끄러움을 홱 내팽개치고 우렁차게 일부러 즐거운 듯 연기하며 노래했을 것이다.

이제는 더 이상 샹송을 생음악으로 연주하는 가게도 거의 남아 있지 않지만.

오키나와에서는 오랫동안 조사를 해 왔다. 그런데 그냥 술을 마시러 가기도 한다. 그런데도 아직도 '카차시'라는 습관에는 익숙해지지 않는다. 오키나와에서는 술판을 벌일 때, 각자 산신(三線)이라는 악기를 가져온다. 아와모리라는 전통 소주를 마시면서 다 함께 오키나와 민요를 부르고, 자연스레 다들 일어나 동그랗게 원을 이루어 춤을 춘다. 둥그렇게 둘러서서 추는 춤을 카차시라고 부른다. 오키나와의 연회에서는 이런 춤을 추는 일이 자주 있다. 아, 정말이지 춤추는 일은 피하고 싶다.

카차시는 오랜 기간 전해 내려오는 오키나와의 전통적이고 민속적인 문화라고 일컬어진다. 내가 토박이 보통 사람들과 술을 마실 때 카차시 같은 것은 춘 적이 없다. 아마도 그것은 특별한 축하 자리라든지, 특별한 곳에서만 볼 수 있는 퍼포먼스일 것이다.

지금까지 카차시를 본 경우는 대부분 관광객을 상대로 한 술집이나 '다문화 공생'을 외치는 인권 관련 이벤트밖에 없다. 그럴 때 카차시는 인공적인 '약속'으로 행해지기 때문에 참가자들은 반쯤 강제적으로 춤춘다. 모두들 즐거운 듯 몸을 놀리지만, 사실은 어색하고 낯설어하고 있다고 생각한다. 하지만 '모처럼 오키나와에 왔으니 즐겨야지'라든가, '오키나와 문화를 존중해야 하니까'라는 진지한 자세로 춤을 추고 있을 것이다.

이렇게 타인과 함께 하는 일을 아주 싫어한다.

그러나 타인에게 몸을 맡기는 일, 타인이 신체를 만지면 강하게 혐오감을 느끼면서 살고 있어도, 어느 때인가 우연히 내밀어진 타인의 손에 도움을 받을 때가 있다.

이미 몇 번이나 글로 썼는데 매우 사소한 일이기는 하지만, 나는 남의 생활사를 듣는 일을 하고 있고 때때로 인터뷰를 한다. 인터뷰와 숨을 멈추고 바다로 잠수하는 일은 참으로 닮아 있다. 남의 생활사를 들을 때면 언제나 차갑고 어두운 밤바다 속으로 혼자 맨몸뚱이로 잠수해 들어가는 감각을 느낀다.

약속한 장소에서 만난다. 그곳이 카페라면 음료를 주문한다. '안녕하세요. 감사합니다. 바쁘실 텐데' 하며 상투적인 인사를 나눈다. 세상 돌아가는 말문을 꺼내고 나서, 어떤 지점에 다다르면 비로소 첫 질문을 던진다.

— "태어난 곳은?"

그로부터 짧으면 1시간, 이제까지 제일 길었던 경우는 사흘에 걸쳐 8시간인 적도 있는데, 대개는 2시간이나 3시간, 한 사람의 출생과 성장부터 현재에 이르는 이야기를 듣는다.

최초의 질문은 대개 정해져 있다. 태어난 해와 고향을 묻는다. 또는 지금 하는 일이나 가족 이야기로 시작할 때도 있다. 어떻든 그것은 평범한 말, 흔하디흔한 말로 시작한다.

최초의 질문 다음에, 그것에 대답하는 식으로, 최초의 이야기가 생겨난다. 그러면 그 이야기가 생각지도 못한 다음 질문을 낳는다. 그리고 또 새로운 이야기가 생겨난다.

어떤 인터뷰든 시작은 비슷비슷한 질문이지만, 5분도 지나지 않는 동안에 모든 생활사가 처음 듣는 것, 완전히 새로운 것으로 모습을 드러낸다. 2시간이 지날 무렵에는 복잡한 산호초 같기도 하고 거대한 미로 같기도 한, 전체를 다 둘러볼 수 없을 만큼 커다란 것으로 변해 간다.

그리고 어느 새 구술 청취는 끝난다. 감사하다는 인사를 나누고, 연락처 등 사무적인 사항을 전하고, 카페의 찻값을 계산하고, 각자 다시 타인으로 돌아가 따로따로 가게를 나선다.

몇 시간 만에 나로 돌아와 우선 느끼는 것은, 언제나, 강렬한 고독감이다. 몇 시간을 타인과 인생을 공유한 다음이라 괜히 더 그럴지도 모르겠다. 하지만 이 감각은 오히려 한 사람의 생활사라는 무언가 터무니없이 거대한 것 속에 들어가 여행한 다음에 느끼는 것이라고 나는 생각한다. 자아를 잊게 만들었던 기나긴 여행 후에 나는 '바로 나 자신'의 안으로 돌아오는 것이다.

인터뷰의 첫 질문은 바닷속으로 잠수할 때의, 최초의 한숨과 닮아 있다. 스노클을 쓰고 떠 있는 상태에서 깊이 공기를 들이마신 다음, 숨을 멈춘다. 그리고 절을 할 때와 같은 요령으로 머리를 힘차게 수면 아래로 들이밀고 다리를 뒤편으로 높이 쳐든다. 그다음, 그대로 단번에 밑으로 푹 가라앉을 때, 그 감각….나는 이야기에 이끌려 깊은 바닷속으로 가라앉는다. 숨을 멈추고 잠수하고 또 잠수해도 바닥은 깜깜하기만 할 뿐, 보이지 않는다.

그리고 구술 청취가 끝나면 천천히 수면으로 떠오른다. 수면 위로 고개를 쑥 내밀고 크게 한숨을 들이마시고 정신을 차려 보면, 혼자서 밤바다에 떠 있다. 이렇게 나는 '바로 나 자신'으로 귀환한다.

그리고 그때, 무척이나 쓸쓸한 기분을 느낀다.

구술 청취가 끝나고 그런 기분이 들면, 가끔 마사지를 받으러 갈 때가 있다. 구술 청취는 나하와 고향인 오사카에서 할 때가 많다. 오사카에서 구술 청취를 한 뒤에 찾아가는 가게는 언제나 정해져 있다. 그 가게는 우리 집 근처에 있는, 이 근처에서는 제일 규모가 있는 편이다. 값도 싸고, 스태프도 많고, 솜씨도 좋다 (가끔 안 그럴 때도 있지만). 언제나 갈 때는 이걸로 하자고 정해 놓는다. 특히 시간이 맞으면 점장 H씨를 지명해 1시간 반 동안 꼼꼼하게 마사지를 받는다.

중년 남성인 H씨는 타이완 사람이다. 활기가 넘치는 팔과 벗어진 머리, 그리고 '설마 이럴 수가!' 할 만큼 더부룩하게 난 코털이 특징이다. 그 정도로 당당하게 나 있으면, 코털이라는 것을 알아도 전혀 신경이 쓰이지 않는다. 무엇보다 H씨는 God's hand(신의 손)의 소유자다. 아랫도리만 트레이닝복을 빌려 갈아입는다. 마사지 침대 위에 엎드리면 대형 타월을 덮어 준다. 지그시 왼쪽 허리와 오른쪽 어깨를 동시에 위에서 누르는 것만으로도, 벌써 '아, 이 사람은 참 솜씨가 좋구나' 하는 것을 알 수 있다.

전신을 주물러 주는 동안, 내가 느끼는 것은 내 신체의 경계선이다. 마사지라는 것은 외부의 세계와 나 사이에 있는 '국경'을 확정하고 재확인하는 작업이라고 생각한다. 머리끝에서 발끝까지 구석구석 남의 손이 주무르는 동안, 나는 내 신체의 크기나 형태나 온도나 딱딱함을 느낀다. 그것은 자신의 손으로는 느낄 수 없다. 그 작업에는 아무래도 타인의 손이 필요하다.

요 며칠 전, 단기간 동안 두 사람의 타인을 끌어안았다.

나하에서 노선버스를 타고 있을 때였다. 언제나 앞쪽을 향하고 왼쪽의 제일 앞에 탄다. 경치가 잘 보이기 때문이다. 운전사의 옆얼굴이 바로 보이는 자리, 요금 내는 상자와 내리는 문 바로 뒤쪽이다.

아주 나이가 많은 할망이 버스에 탔다. 오키나와의 버스는 느긋해서 할망이 자리에 제대로 앉을 때까지 움직이지 않고 기다렸다. 할망이 천천히 자리에 앉자, 천천히 버스가 움직였다.

버스는 얼마 동안 꾸물꾸물 나하 거리를 향해 전진했다. 어느 정류장에서 그 할망이 내리려고 했다. 하차 전용인 앞문으로 내리려고 했지만, 다리가 시원치 않아 구형 차량의 높은 계단으로는 내릴 수가 없었다.

하차하는 문 바로 앞에 앉아 있던 나는 자리에서 일어나 버스를 내렸다. 그리고 아래쪽에서 할망의 팔을 잡고 하차를 도와주려고 했다. 그렇지만 할망은 그 계단을 내려올 수 없었다.

나는 무의식중에 우물쭈물하고 있는 할망의 겨드랑이 아래 두 손을 집어넣고는 어영차 들어 올렸다. 그렇게 버스에서 길 위로 내려놓았다.

할망은 눈을 똥그랗게 뜨고 웃었다.

그러고 나서 며칠 후 어느 동네의(필시 꽤 중대한 규칙 위반일 것이기 때문에 어느 동네인지는 명시하지 않겠다) 지하철 승강장에서 남성 승객이 선로에 스마트폰을 떨어뜨렸다. 역무원 아저씨가 기다란 집게로 주워 올리려고 했지만, 작고 얇고 미끌미끌한 스마트폰을 집게로 집어 올릴 수 없었다.

역무원은 꽤 오랜 시간 격투를 벌인 끝에 화가 끓어올랐는지 집게를 내팽개쳤다. 그는 열차의 도착 안내 전광판을 보고, 다음 전차가 당분간 오지 않는다고 판단했을 것이다. 갑자기 선로에 뛰어내리더니 스마트폰을 주워서는 플랫폼 아래에서 깜짝 놀란 남성에게 건네주었다.

그런데 그다음 순간 그는 플랫폼으로 올라올 수 없었다. 플랫폼에 손을 짚고 몇 번이나 점프를 시도했지만 다리를 걸치고 올라올 수 없었다.

난 반사적으로 가까이 달려갔다. 플랫폼 끝에 쭈그리고 앉은 다음, 역무원 아저씨의 겨드랑이 아래 두 손을 집어넣고, 어영차 하며 역무원을 들어 올려 플랫폼 위로 끌어 올렸다.

약 1주일 동안에 두 사람이나 끌어안았다. 한 사람은 끌어 내렸고, 한 사람은 끌어 올렸다. 행복한 체험이었다.

신체 접촉은 타인의 신체 움직임에 맞추는 정도일지라도 보통은 강한 고통을 동반한다. 그러나 예기치 못한 형태로 불현듯 타인의 신체와 접촉할 때가 있다. 매우 신기한 일이지만, 그것이 강한 긍정감이나 충족감을 가져다주는 경험도 아주 드물게나마 있다.

누구의 책인지 만화인지 블로그인지, 어디에서 언제 읽었는지도 잊어버렸지만, 고령자가 '병에 걸리지도 않았는데' 의사를 찾아가는 이유 중 하나는, '촉진으로 피부 접촉을 할 수 있기 때문'이라고 한다. '병에 걸리지도 않았는데'라는 말은 자주 붙이는 딱지(labelling)에 불과하고 현실과는 다르다고 생각한다. 그렇지만 '고령이 될수록 의사에게 가지 않으면 직접적으로 피부를 접촉해 줄 타인이 없다'는 사실은 과연 그렇기도 하겠구나 싶었다.

난 쇼와(昭和) 시대*의 어린이였기 때문에 초등학교 시절에 붓글씨나 주판을 배웠다. 그런데 붓글씨 선생님이 뒤에서 손을 잡고 함께 글씨를 써 주는 것이 좋았다. 머리에 닭살이 돋을 만큼, 항상 기분이 좋았다. 물론 성적인 것과는 전혀 관계없다. 그저 타인이 상냥하게 접촉해 준다는 것에 근원적인 기분 좋음을 느꼈을 뿐이다.

반복하지만 타인과의 접촉은 기본적으로 고통이다. 그러나 가끔은 그것이 매우 마음 편하게 느껴질 때도 있다. 진정으로 신기한 일이라고 생각한다.

중학교 때 시민 수영장에서 물에 빠진 적이 있다. 아차 하고 깨닫는 순간, 이미 바닥에 다리가 닿지 않는 깊은 곳까지 와 있었다. 헤엄칠 줄 모르는 난 패닉 상태에 빠져 필사적으로 팔다리를 허우적거렸다. 주위에는 걱정스러운 듯 날 내려다보는 많은 어른들의 얼굴이 있었다.

구조대원 스태프가 살려 주었다고 한다. 한여름 파란 물 바닥

---

* 쇼와 시대는 1926~1989년을 가리키는데, 여기에서는 현재 헤이세이(平成) 시대(1989년 이후)와는 달리 학교에서 붓글씨와 주판을 배운 세대에 속한다는 뜻.

으로 가라앉는 내 신체에 손길을 내밀어 준 사람이 있었던 것이다. 그래서 난 그해 여름에 죽지 않았다. 그때 나는 거품이 꺼지는 소리만 흐릿하게 들려오는 물속에서 누군지 모르는 생명의 은인으로부터 '토우와 화분'을 건네받았다고 생각한다.

실유카 나무에
흐르는
시간

아주 예전에 버스 안에서 한순간 눈에 보인 풍경. 도산으로 폐쇄한 주유소에 비가 내리고 있다. 사무소 안 창가에 놓여 있는 커다란 실유카 나무*가 아무도 물을 주는 사람 없이 갈색으로 말라 가고 있다. 유리창 하나를 사이에 두고 이쪽에는 세찬 비가 내리고 있다. 그 건너편에서 실유카는 말라 비틀어져 죽어 있었다.

몇 년 전, 어느 단지에서 생활사의 구술 청취 조사 때문에 혼자 사는 연로한 남성과 만난 적이 있다.

그 남성은 지방의 빈곤한 가정에서 태어나 온갖 일을 겪다가 간사이로 흘러 들어왔다. '꼬래비'이기는 하지만 폭력단의 일원이 되어 경마의 노미(ノミ) 행위** 등으로 생계를 꾸렸다.

인생에 대한 이야기가 어느 단계에 이르렀을 때, '홍콩'이라

---

* 외떡잎식물 백합목 용설란과의 상록관목. 원산지는 북아메리카.

** 경마나 경륜에서 주최자가 아닌 사람이 마권이나 차권(車券) 등을 매매하는 행위.

는 말을 되풀이했다. 아무래도 형무소를 지칭하는 듯했다. 난 그때 어리석게도 왠지 홍콩이라는 말이 형무소 일반을 가리키는 은어라고 멋대로 넘겨짚었다. "어디 홍콩이었습니까?" 하고 멍청하게 몇 번이나 물었다. 그는 그때마다 "아니, 홍콩이요", "그러니까 홍콩이라니까" 하고 몇 번이나 대답했다.

난 인터뷰 도중에 문득 알아차렸다. "앗, 홍콩이라는 게, 홍콩의 형무소를 말씀하시는 겁니까?", "그래, 그렇다니까." 그를 소개해 준 자치 단체 관계자나 그의 이웃 사람, 가까운 친구들조차 모르고 있었던 듯하다. 나와 인터뷰하는 가운데 그는 자신이 각성제 거래로 홍콩 수사 기관의 함정 수사에 걸려들었고, 그대로 현지 형무소에서 10년 동안 수감되어 있었다는 사실을 처음으로 밝혔다.

그는 홍콩의 형무소에서 겪은 일에 대해 자세하게 가르쳐 주었다. 10달러쯤 내면 여성 간수가 몸을 만지게 해 주었다는 이야기도 했다. 수감 중에 뇌경색을 일으켜 좌반신에 장애를 입은 채, 마치 버려지듯 일본으로 송환되었다. 그리고 노숙자가 되기 일보 직전과 같은 생활을 했다. 현재에는 생활 보호 수당을 받고 작은 단지에서 살고 있다.

야쿠자가 되어 체포당하고, 이국의 형무소에서 10년을 보낸다는 것은 어떤 것일까를 때때로 생각해 내고 또 생각해 본다.

10년이라는 긴 세월을 어떻게 하면 이해할 수 있을까? 시간의 길이를 이해한다는 것은 어떤 것일까?

우리는 고독하다. 뇌 속에서는, 우리는 특히 고독하다. 아무리 서로 사랑하는 연인이라도, 아무리 친한 친구라도, 뇌 속에까지 놀러와 주지는 않는다.

몇 년 전에 화제가 된 만화[스가하라 소타(菅原そうた)의 「아르바이트 (BUTTON)」, 『모든 이의 토니오 짱(みんなのトニオちゃん)』에 수록]가 있었다. 버튼 하나를 누르는 것만으로 100만 엔을 받을 수 있다. 다만 조건이 있다. 버튼을 누르면 의식만 다른 공간으로 날아간다. 그곳은 아무것도 없는 공간이다. 거기에서 5억 년 동안, 오직 혼자서 살아가며 시간이 지나가는 것을 꿈쩍하지 않고 기다려야 한다. 5억 년이 지나면 이 세계로, 버튼을 누른 순간으로 돌아온다. 그리고 그때 5억 년 동안의 기억은 완전히 소거된다. 결국 '버튼을 누르면 100만 엔을 받는다'는 것밖에 기억하지 못한다. 그러나 그 한순간 동안, 또 다른 자신이, 아무도 없는, 아무것도 없는, 텅 빈 '공간'에서 5억 년이라는 시간을 보내야만 하는 것이다. 5억 년이 지나 이 세계로 돌아왔을 때 기억은 지워진다. 그렇기 때문에 그동안의 '시간적 길이'는 돌아왔을 때 이미 '없었던 것'이 되어 있다. 그래서 독자는 선택하는 입장에 놓

인다. 돌아왔을 때에는 5억 년 시간의 기억이 지워져 있다는 전제 위에서, 과연 이 버튼을 누를 수 있을까?

이 만화의 재미있는 대목은 전반부까지일 뿐이다. 후반부에는 주인공이 실제로 5억 년을 보내는 장면이 묘사되어 있다. 그 부분은 '길고 긴 고독한 시간 끝에 주인공이 도를 깨닫는다'는 식으로 전개되기 때문에 상투적이고 따분하다. 그러나 전반부의 문제 제기는 확실히 박력이 있다. 나라면 버튼을 누르지 않겠다.

데즈카 오사무의 『불새』. 주인공은 불새의 힘에 의해 자기가 바라지 않았는데도 영원의 생명을 얻는다. 그리고 최종 전쟁으로 멸망해 버린 이후의 세계에서 오직 혼자서 몇 억 년이나 살아가야 한다. 로봇이나 인공 생명을 만듦으로써 겨우 고독을 흩뜨리려고 해 보지만 다 실패한다. 결국 마지막에는 한 잔의 단백질 '수프'를 이름도 없는 무인 곳에서 바다로 쏟아붓는다. 수억 년 후, 원초의 생명이 탄생하고….

그 밖에도 만화 『코브라(コブラ)』에도 모든 감각이 차단된 채 며칠 동안 감금당하는 고문이 나온다. 고전적인 영화 〈자니, 총을 얻다(Johnny Got His Gun)〉에도 (더욱 심각하게) 동일한 모티브가 있다.

'시간의 흐름'을 주제로 삼은 작품은 수없이 많지만, 하나같이 공통적으로 시간이 흐르는 것이 고통이라고 말하고 있다. 우리는 도리어 시간을 의식하지 않는 상태를 '즐겁다', 시간을 의식해야 하는 상태를 '괴롭다'고 표현하고 있는지도 모른다.

시간의 흐름을 의식하는 것이 왜 고통인지 잘 모르겠다. 그러나 분명히 시간의 길이를 1초마다 의식하려고 할 때는 쾌락보다 고통이 도움이 된다. 격렬한 아픔을 견디고 있을 때, 가장 또렷하게 자기 자신이 다름 아닌 나 자신이라는 것을 실감할 수 있다. 수도꼭지에서 방울방울 떨어지는 한 방울의 물방울을 하나하나 전부 눈으로 쫓아가듯, 자신의 아픔을 '아파하는' 것이 가능하다.

고통을 느끼고 있을 때, 난 진정으로 나 자신이 되는 일이 가능하다. 그리고 1초 1초마다 내가 나 자신이라는 것을 저주하게 된다.

그러나 고통뿐 아니라 애초에 신체적 감각을 느끼는 일 자체가 내가 나한테 얽매여 있다는 것을 가르쳐 준다.

20대 시절에 겨우 4년뿐이었지만, 일용직 건축 작업반에서 일한 적이 있다. 물론 그때까지는 육체노동과 무관한 생활을 했고, 원체 스포츠 같은 것도 한 적이 없었다. 당시에는 키만 크고 비쩍 말랐었다. 대학을 나온 뒤 여러 가지 일을 겪고 나서, 스스로를 괴로움에 빠뜨리고 싶어졌다. 그래서 태어나 처음으로 스포츠 신문을 사서 구인란을 보고, 해체나 잡역 일을 찾아 근처

함바*에 전화했다. 곧장 다음 날부터 일을 나가게 되었다. 작업복 가게라는 곳에도 처음 들어가 될수록 수수한 작업복과 닛카봇카**와 버선과 긴 장화를 샀다.

아침 6시 반에 자전거로 함바까지 달려가면 곧바로 손수레에 타라고 한다. 그러면 그대로 곧장 아무런 설명도 없이 현장으로 끌려간다.

그날 아침, '육체노동 현장에 처음으로 들어갔을 때' 느꼈던 가슴 두근대는 공포, 그것을 지금도 기억하고 있다.

건축 현장뿐 아니라 유적 발굴 현장에서도 오랫동안 일했다. 물론 조사원이나 연구원으로서가 아니라 노동력으로 땅을 파는 노가다로서 일했다. 이런 일을 몇 년이나 계속하고 나서 문득 몸을 살펴보니, 체격이 변해 있었다.

'기시와다(岸和田) 시민병원'을 비롯해 여러 현장에 갔지만, 한 현장을 잘 기억하고 있다. 거대한 철공소 한구석에 설비 시설을 다시 짓고 있었다. 40킬로그램이나 되는 시멘트 포대를 하루에 몇 백 자루나 날랐다. 녹초가 된 나머지 점심시간이 되어도 아무것도 먹을 수 없었다. 의자에 축 늘어진 내 옆에서 자

---

  *   토목 공사나 광산 등의 현장에 있는 노무자 합숙소.
  ** 길이가 무릎까지이고 밑단이 조여 있는 짧은 바지. 야구나 골프 등 스포츠 웨어로 널리 유행했는데, 일본에서는 토목 건설 공사의 작업복으로 입는다.

칭 야쿠자였다는 현장 감독은 규슈 사투리로, 한약 규신(救心)을 곱게 빻아 여성의 성기 안에 넣었던 것이 뭉친 데에 잘 든다는 이야기를 큰소리로 줄기차게 이야기했다. 넓디넓은 철공소 여기저기에는 수증기가 엄청난 기운으로 뿜어져 나왔다. 섭씨 2000도쯤 되니까 조심하라는 말을 들었다.

육체노동을 하면서 이 일은 몸이라기보다는 감각, 또는 시간을 파는 일이구나 하는 생각이 들었다. 정해진 시간에 현장에 들어가 단순한 중노동을 견디고 있노라면, 그러는 사이에 5시가 되고 하루의 일이 끝난다. 그동안 8시간이라면 8시간 동안, 줄곧 나라는 의식은 덥다는 감각, 무겁다는 감각, 피곤하다는 감각을 계속 느끼게 된다. 현장 감독이 호통치는 소리를 듣거나 거꾸로 자기보다 나중에 들어온 비실대는 신참을 호통치거나 하면서 감정의 기복을 경험하는 일도 있다. 하지만 기본적으로는 일하는 시간 동안 내내 무겁다, 춥다, 힘들다 같은 감각을 계속 느끼는 것이다.

이러한 '신체적인 감각을 일정 시간 동안 계속 느끼는 것'이 일용 육체노동자의 본질이구나 하고, 몸소 노동을 해 보고 느꼈다. 뇌 속에서, 의식 속에서, 주구장창 무겁다, 춥다, 아프다, 힘들다고 느끼는 것이 바로 일이다. 그것을 누군가 타인에게 강요할 수는 없다. 그 대신 돈을 받는다.

'정해진 시간 동안 어떤 감각을 계속 느끼는 것을 견디고, 그 대가로 얼마쯤 돈을 받는 것'은 성 노동자에게도 통하는 일일지도 모른다.

이러한 감각은 물론 순수하게 고통만 있는 것은 아니다. 거기에는 쾌락이 생겨날 가능성도 있을 것이다. 하지만 그렇다고는 해도, 그것에 상응하는 대가를 받을 만한 일이라는 점은 틀림없다. 그렇게 생각하면 육체를 파는 일이란 감각을 파는 일이고, 그리고 감각을 파는 일이란 '의식의 내부에서 감각을 계속 느끼는 시간'을 파는 일일지도 모른다. 그런 생각이 든다.

시간이 흐르는 것이 고통이라는 것을 더욱 직접적으로 느낀 것은 어느 공장에서 컨베이어 시스템으로 작업할 때였다. 이제는 꽤 옛날 일이 되어 버렸지만, 오사카와 교토 사이에 있는 거대한 맥주 공장에서 8시간 동안 컨베이어 벨트 앞에 앉아 단순 작업을 했다. 눈앞으로 맥주 1리터 깡통 6개가 한 세트인 상자가 쏟아져 나왔다. 그러면 그 안의 제일 왼쪽 위에 있는 깡통 윗부분에 덤으로 붙이는, '피요피요 소리가 나는 귀때'를 스티커로 붙이는 작업이었다.

내가 앉아 있는 의자 오른쪽 뒤로 작은 비닐 봉투에 담긴 대량의 귀때 덤이 쌓여 있다. 깡통 6개 세트의 상자가 상류에서 흘러 내려와 내가 있는 곳에 도착하면, 덤을 한 개 집어 들고 스티커의 안쪽 종이를 벗긴 다음, 정해진 위치에 있는 맥주 깡통 윗부분에 붙인다.

이것이 작업의 전부였다. 몇 번인가 짧은 휴식 시간을 포함한 8시간 동안, 이 동작을 계속했다.

하루밖에 하지 못했다. 급료는 받지 못했다.

고통을 비롯해, 냄새, 맛, 소리, 혀나 손의 감촉 같은 감각을 느낀다는 것은, 요컨대 바로 내가 시간의 흐름 속에 있다는 것을 재차 (싫어해도) 떠올리게 된다는 것이다. 이를테면 통증이란 아픈 원인을 들어내지 않는 이상 도중에 없어지거나 다른 것으로 변하거나 의지에 의해 조작할 수 있는 것이 아니다. 우리는 아플 때 매 순간 줄곧 아프다. 아픔을 견디고 있을 때, 나의 뇌는 아픔과 함께 있다. 아니, 아픔 속에 있고, 아픔 그 자체다. 나의 뇌가 아픔을 '느끼고 있다'는 표현은 어딘가 잘못되었다. 아플 때 우리는 아픔을 느끼고 있는 것이 아니라 '그냥 아픈' 것이다.

그리고 아픔을 견디고 있을 때, 사람은 고독하다. 아무리 서로 사랑하는 연인이라도, 아무리 절친한 친구라도, 우리가 느끼는 격렬한 통증을 뇌에서 꺼내어 건네줄 수는 없다. 우리의 뇌 속으로 찾아와 느끼고 있는 아픔을 함께 느껴 줄 사람은 어디에도 없다.

다른 누군가와 살을 맞대고 섹스를 하고 있을 때에도 상대의 쾌감을 느낄 수는 없다. 부둥켜안고 있을 때조차 우리는 그저 각자의 감각을 느끼고 있을 뿐이다.

새까만 밤바다에 들어갈 때 느끼는 공포감. 캄캄하고 차가운 물이 발끝에서 서서히 전신을 적실 때 느끼는 감각. 아무것도 보이지 않는 물속에서 발끝이 무언가 부드러운 것에 닿는다.

내 안에서 시간이 흐른다는 것은 내가 무언가의 감각을 계속 느낀다는 것이다. 다시 말해 내 안에서 10년이란 시간이 지나간 다는 것은 내가 10년 동안 줄곧 무언가의 감각을 계속 느낀다는 것이다. 물론 그것은 고통만 있는 것은 아니다. 살아간다는 것은 무언가 감각을 계속 느끼는 것이다.

어떤 사람에게 흘러간 10년이라는 시간을 상상해 보자. 그 것은 그 사람이 10년 동안, 무언가 감각을 계속 느끼고 있었다 고 상상하는 것이다. 우리는 감각 자체를 조금도 공유하지 못한 다. 우리 안에서 흐르는 시간과 같은 것이 다른 사람들 안에서 도 흐른다는 것을 '단순한 사실로서' 알 뿐이다.

생활사 인터뷰를 할 때, 언제나 감명을 받는 대목은 눈앞에 있는 다름 아닌 '이 사람' 안에서 자기 것과는 다른 기나긴 시간이 흘러왔다는 사실이다. 특히 '홍콩'의 경우에는 정말 절실하게 사람이란 것 안에 흐르는 시간에 대해, 그리고 그 시간의 1초 1초를 '계속 느끼는 것'에 대해 생각했다. 우리는 홍콩의 형무소에서 지낸 10년을 상상할 수는 있지만, 그것과 동일한 길이의 시간을 그것과 똑같이 실제로 느끼기는 불가능하다. 눈앞에서 어눌하고 담담하게 이야기하는 남성에게 귀를 기울이면서 나는 10년이라는 세월의 길이에 어떻게든 조금이라도 '다가가기' 위해서는 어떻게 하면 좋을까를 생각했다.

하지만 당연한 이야기를 쓰는 것 같은데, 곰곰이 생각하면 10년이라는 세월은 내 안에서도 흘렀다. 그 남성이 10년을 보내고 있을 무렵, 내게도 같은 10년이라는 시간이 흘렀다. 이렇게 당연하고도 남을 일을, 인터뷰가 끝나고 몇 번이나 생각하는 사이에 불현듯 깨달았다.

우리는 물론 10년이라는 시간을 전혀 '공유'하지 못한다. 또 그로 인해 어떤 감동이 있는 것도 아니다. 이 당연한 일을 처음부터 나는 그 누구에게도, 화자 본인에게도 말하지 않았다.

그러나 나는 그의 10년이 나의 10년이기도 했다는 단지 그 점이 나와 그 사이에 무언가 '대화'를, 언어에도 감정에도 의하지 않는 무음의 대화를 성립시켜 주는 듯한 느낌이 든다.

겨우 1미터 앞에서 비가 내리고 있는데도 바싹 말라 죽어 가는 실유카 나무. 처음부터 건조함에 강했을 그 나무가 말라비틀어질 때까지 걸린 시간은 아주 천천히 흘러갔을 것이다. 계속 감시당하면서 살아가는 것, 그리고 천천히 죽어 가는 것에, 어쩐지 근원적인 공포를 느낀다.

그러나 시간이 흐르는 것이 고통뿐이라고는 할 수 없다. '다름 아닌 바로 나에게만 시간이 흐르는 것'이라는 '구조'를, 우리는 일체의 감동이나 감정도 빼고, 서로 공유할 수 있다. 우리는 이렇게 우리 안에서 각자가 고독하다는 것, 그리고 거기에 각자의 시간이 흐르고 있다는 것, 그리고 그 시간이야말로 우리라는 것을 조용하게 나눌 수 있다.

누구에게도 알려지지 않은 시간이란 것이 있다. 우리는 '누구에게도 알려지지 않은 시간'이란 것도 있다는 단적인 사실을, 서로 알고 있다. 그것을 공유할 수는 없다고 할지라도.

야간 버스의
전화

2007년 즈음, 어느 여성에 대한 구술 청취. 오사카 우메다의 작은 노래방에서. 장시간 구술 청취 가운데 아주 작은 단편.

— 지금 몇 살인가요?

서른입니다. 올해 서른이 되었어요. 1977년 12월생입니다.

— 태어난 곳은 오사카?

아니에요. 고쿠라(小倉)입니다("고쿠라라면, 기타큐슈?"). 네, 기타큐슈입니다. 아니, 정확히 고쿠라는 아니지만. 주변이지요.

아 참, 주변이라고 해도 좀 떨어진 곳이네요. 좀 시골이에요.

오사카로 나와서, 그러니까 올해로 만 9년이 되는군요. ("그러면 몇 살쯤이었지요?")

스물하나였어요.

— 스물하나까지 고쿠라에 있었나요?

고등학교 졸업하고 고향에서 사무원이 되었지요. 음, 그러니까 백화점 사무원하고 은행원 일을 했어요. ("은행이라면 월급이 괜찮지요? (웃음)"] 네 (웃음).

그렇습니다. 부모님과 함께 살았어요.

— **미안해요. 가족에 대해 꼬치꼬치 캐물어서….**

뭘요, 괜찮아요. ("그러니까, 부모님하고…") 네. 그리고 언니와 동생이 있어요.

— **왜 굳이 오사카에?**

그게, 결혼을 해서. 오사카 사람이랑.

네루통 파티(맞선 종류의 파티) 같은 것이 있었어요. 고향에서. 그래서 우연히 당일까지 참가자 접수를 한다고 하니까 심심풀이로 왔있지요. 그, 남편 될 사람이.

호텔에서 개최했어요. 마침 영업 같은 일로 (그가 출장으로 그 호텔에) 와서요. 맞다, 자주 방문했어요. 고쿠라를, 그 주변을.

— **괜찮은 사람이라고 생각했어요?**

아, 일단 상대방이 먼저 내게 호감을 가져 주었고요. 그런데 오사카 사람이라는 사실을 몰랐으니까요. 좀 재미있는 사람이어서, 네.

그러니까 음, 그게 스물쯤이었어요. (파티에는) 친구들과 어울려서 함께 가자고 해서. 서서 하는 파티구나 하는 느낌이었는데, 사회자가 있고, '좋아하는 사람이 있으면 사양 말고 말을 걸어요!' 하더군요 (웃음).

옛날에 네루통이라는 프로그램이 유행했잖아요. 그즈음에 마침 열여덟, 열아홉, 스물쯤이었기 때문에 그 (프로그램이) 끝나지 않았을 때라고 생각해요. 아마 방송하고 있었을 거예요. 하고 있었는지 끝났는지 그럴 즈음인데. 맞다, 아, (그) 흉내를 내서 파티를 했어요. 호텔 방을 전세로 빌려서. 그런 이벤트를 했지요.

— 금방 사귀었나요?

그렇지요. 음, 1년쯤 사귀고, 그래요. 결혼했는데요. (결혼 전에는) 고쿠라(와 오사카)에서 장거리 연애 형식으로. 상대는 나보다 여덟 살 많았어요.

— 프로포즈 같은 것은 있었나요?

아, 뭐 일단은요. 결혼하자고 말했지요. 계속 왔다 갔다 해야 하니까, 뭐 좀 그렇지요. 둘 다 힘들고.

역시 오사카에는 재미있는 사람이 많잖아요. 개성적이고. 고쿠라 같은 시골에 살면 좀 색다른 타입이 별로…. 젊으니까 단순하게, 아아 재미있는 사람이라는 것만으로 사귀는 일이 있지요. 아, 지금까지 만난 사람하고는 다르네, 이런 식으로.

— 시골이라는 좁은 세계에 살고 있으면 어떤데요?

좁은 세계에서는, 좀 뭐랄까, 누구누구와, 사람들과 다른 사람이 나타났다고 수군거렸지요. 그래서 이혼해 버렸는데 (웃음). 1년 만에.

—엥? 정말?

네. 스물하나에 결혼하고, 1년 만에 이혼했어요.

—**결혼할 때 부모님이 반대는 안 하셨나요?**

아, 결사반대했지요. (부모님과) 얘기해 보니까 이대로는 내가 결혼을 못하겠구나 싶어서, 사직서를 내고, 그래도 1개월은 있어야 하잖아요. 결국 한 달 채우고 사표를 내고 집에 3월까지 있었지요. 스물한 살에. 3월까지 있기는 했는데, 이틀 후에 사랑의 도피행처럼 집을 나와 버렸어요.

아니, 그건 (고향에서는 더 좋은 남성과) 만날 수 없다고 생각했으니까. 이대로는 말이지요. 부모님에게는 일단 전화는 드렸어요. 저기, 야간 버스에 타기 전에 (웃음).

—**대단하네. 영화 같아요** (웃음).

버스에 타기 전에 한 손에 백을 들고 짐은 벌써 예전에 부쳤지요. 조금씩. 의심 받는다는 생각은 했지만. 하여간 조금씩 부쳤어요.

—**야간 버스 정류장에서 전화하고 나서, 그다음은요?**

아, 참, 그렇지, 다시 집으로 돌아갈 수는 없으니까 (웃음).

—**아하하하.**

그게, 음, 직장은 어떻게 했느냐 하면, 실은 벌써 퇴직을 한 상태라 (웃음). ("부모님은 그것도 몰랐나요?") 네, 그렇지요. 이럴 수가! 놀라셨지요. 그래도 연락은 성실하게 하니까 일단은 못 본

척하라고 얘기해 놓고, 한 달 반쯤 부모님과 연락하지 않았어요. 음. 그렇게 해서는, 아 참 그렇지, 금방 호적을 정리하고.

저, 일단 회사 기숙사 같은 곳에 들어가서 돈을 모으면서 이사 갈 곳을 물색하자고 이야기하고, 지금 단계에서는 우선 생활은 되겠지만, (신혼집을 얻기 위한) 보증금은 갖고 있지 않았으니까.

— 기숙사에 들어갔군요.

네, 그래요. 회사 기숙사. 네, 전업주부로 지내면서 약간 아르바이트를 했어요.

— 오사카에 친구나 아는 사람은 있었어요?

저, 친척이 있었는데…. 아니, 그게 전혀, 역시 만나지 않았어요. 그동안은, 그랬지요. 저, 부모님과 연락하기까지, 한 달 반은 남편 말고는 누구와도 접촉하지 않았어요. 텔레비전이 친구였지요 (웃음).

— 결혼식 같은 것은?

하지 않았어요. ("아무것도 전혀 안 했어요?") 네.

— 어째서 안 했어요?

저, 그게 술 마시고 도박하고 쇼핑하는 사람이라는 것을 알았거든요. 같이 사는 동안에 보니까 경마나 경정(競艇)*에 돈을 걸

---

* 모터보트 경주.

었어요. 그래서 어느 정도의 돈은 집에 갖다주지만, 부족해지면 나한테 달라고 하라는 식이었지요. 나한테 돈을 건네 놓고는, 다시 내놓으라고 하고. 그런 생활이 좀, 그러니까 결혼할 때까지는 눈치 채지 못했어요.

그래서 이 사람과 아이를 낳고 살아갈 수는 없겠다 생각하고는. 아직 스물하나, 아니 스물하나나 둘인데, 다시 시작할 수 있다는 생각에. 아이가 생기기 전에 헤어지자고 마음먹고.

그래서 꾸준히 아르바이트를 했지요. 가까운 데, 걸어서 5분 이내인 곳에서 아르바이트를 하면서 조금씩 돈을 모으면서. 나갈 준비를 (웃음). 저, 1년, 도중에, 같이 살기 시작한 지 반년 만에, 이래서는 안 되겠다 싶어서. 결국 헤어질 때가 되었을 때에는 보증금을 미처 모으지 못했으니까, 친척 집에서 더부살이를 했어요 (웃음).

— 아, 오사카에 있는 친척 집이요?

네에, 좀처럼 도장을 찍어 주지 않으니까, 오사카가 아니면 있을 곳도 없고.

— 대단하네요. 사랑의 도피행 준비를 착착 진행해서 도주를 한 다음, 헤어질 준비를 착착 진행해서 (웃음). 뭐, 좀 야무진 데가 있네요.

후후후 (웃음).

틈만 나면 간섭을 하는 인간이라서. 하루에 몇 번이나 집에 전화를 해요. 집에 있느냐고요.

― **아르바이트를 하고 있었잖아요.**

아, 그러니까 그게, 아르바이트하고 있는 것을 들키면 그만
두게 했어요.

― **아, 남편에게는 말하지 않고 몰래 아르바이트를 했군요.**

네, 그러지 않으면, 이 사람 때문에 돈을 모을 수 없다고 생각
했으니까요. 언제나 일을 그만두게 했어요. 거기에 젊은 남자
라도 있으면, 그 남자와 무슨 일이라도 있을지 모른다고 하면서
(웃음). 그런 일은 결코 없다고 말해도, 아니야, 내일 그만두고
와, 그랬어요. 맞아요.

그래서 집에 있어도 뭐, 이야기할 사람이라도 있으면 좋겠
고. 아르바이트하러 가면 돈을 받기도 하지만 친구도 생기고.
친구가 없는 상태로 집을 나왔으니까요. 그게 아무래도 남편 마
음에 들지 않았나 봐요. "그만둬, 젊은 남자가 있잖아." (웃음) 젊
은 남자가 있는 곳에서 일하면 못쓴다고.

이미 그때부터 조짐이, 아르바이트하는 것이 발각되었을 때
라든가, 말하자면 말싸움 같은 게 있었어요. 왜 그런 짓을 몰래
하느냐고요. 몰래 하지 않으면 허락을 안 해 줄 것을 아니까 그
렇지 (웃음). 몰래, 살림에 보태려고 일을 하는 것인데.

― **술을 마시고 때리거나 하는 것은, 괜찮았어요?**

아, 그런 일은 없었어요. 술을 마시기는 마시는데 때리거나
하지는 않고.

─그 후 헤어지고 나서 다시 만났어요?

헤어지고 나서 한 달 반쯤 되었을 때 도장을 찍어 주었어요.
그게 마지막이었지요. ("그럼, 지금 어디에서 무슨 일을 하는지는?") 글
쎄요. 뭐, 음, 줄곧 오사카에서 산 사람이니까, 계속 오사카에
있기는 하겠지요. ("어디에 있을까요?") 뭐, 어딘가에 있겠지요 (웃
음).

헤어졌을 때 내가 스물둘, 상대방이 그러니까, 서른, 서른하
나였네요.

─혼인 신고를 하고 나서 1년 뒤에, 이혼 신고를….

네, 서류를 들고 갔지요.

저, 친척 집에 있으면서, 거기에 있을 때 가까스로 도장을 찍
어 주더라고요. 저, 나는 연락처도 아무것도 가르쳐 주지 않았
어요. ("투덜거렸습니까?") 한 달 반쯤 지나니까 체념하고 도장을
찍어 주더군요.

그때까지는 친정에 계속 전화를 걸었어요. 내가 오사카에 있
다고 하면 그래도 괴롭힐지도 모르니까 친정에 돌아갔다고 해
두었거든요. 그래도 재결합을 해서 다시 시작하자고 말했다고
해요. 그렇지만 한 달 반 만에 마음을 접고 도장을 찍어 주었습
니다.

─의지가 강하다고 할까, 퍽이나 야무지고 단단하게 처신했네요.

(웃음)

　네 (웃음). 이 사람하고는 절대 행복해질 수 없다는 마음에 (웃음).

　— 그건 그러니까, 역시 돈 문제였지요?

　그렇지요. 이대로 죽, 예를 들어 결혼한 채 시간이 흘렀다면 아이도 태어났겠지요. 지금도 사는 것이 힘든데, 아이가 생기면 더 힘들어지겠구나 싶잖아요. 다시 시작하자는 말이 나올 때 그만두자. 딱, 싹둑 잘라 내자 싶었지요.

　— 그 후에는 줄곧 오사카?

　네, 그래요. 집에 돌아간다고 해도, 다시 일을 하려고 해도 직장을 구하지 못할 것 같아서. 뭐, 모처럼 오사카에 나온 기회에….

　원래 도쿄로 올라갈까 생각했어요. 친정에 2년쯤 있다가. 돈 좀 모아서. 보증금 모아서 도쿄나 오사카로 나오자고 마음먹고 있던 참이었는데, 남편 될 사람하고 만나서 오사카가 되었으니까요 (웃음). 모처럼 오사카에 나왔으니까 어디론가 나가 보자는 꿈은 이루었고 하니, 여기에 남아 뭔가 이루어 보자고 생각했지요.

　— 도시로 나가고 싶었다는 말인가요?

　일단은 좀 색다른 일을 해 보고 싶어서. 역시 시골 사람은 부모가 반대해서 집을 못 떠나는 사람이 많으니까. (시골에 대한) 거부감이랄까, 왠지, 있잖아요, 뭔가 별다른 짓을 해 보려고 해도 용기가 필요한 곳이잖아요. 어쩐지, 그런 면이 조금.… 지나치게 개성적으로 굴려고 하면, 뭔가 하기 힘든 장소 (웃음)니까요. 시골은.

— 헤어진 다음에는?

음, 글쎄요. 일을 했지요. 여행 회사였어요. 여행 영업이지요. 힘들었어요. 회사를 돌아다니면서 영업을 해야 했거든요.

처음에는 스물하나, 스물둘에 여행 일을 따내러 가도 설득력이 없으니까, 남자들, 주임 같은 직책에 있는 상사를 따라다니는 어시스턴트 같은 일을 했어요. 그 사람 보조를, 잡무를 보면서. 그리고 그다음 혼자 영업을 다니는 단계로 올라가자고.

저기, (숙모 집에) 신세를 지더라도 역시 일은 해야 한다고 생각했어요. 일자리는 금방 찾았어요.

— 그 일은 웬만큼 오래 계속했어요?

그 일은 1년 했어요. 1년 반이었나? 음, 2년쯤.

— 음, 그러면 숙모 집에서는 1년 만에 나왔군요. 그러면 1년 만에 나와서 그 후 반년쯤은, 그 여행 회사 일을 했다는 말이네요?

그렇지요. 새로 다른 사람을 만나 함께 살았어요 (웃음). 그러는 동안에 말이에요. 지금 같이 사는 사람과.

— 아, 그러면 꽤 오랫동안, 지금의 남자친구와?

네, 그래요. 스물둘의 끝 무렵부터니까 시간이 꽤 흘렀네요.

— 그러면 숙모 집에 있을 때?

네, 있을 때 만났어요.

실은 흥미가 전혀 없었어요. (헤어진) 남편과 사는 동안에는. 흥미가 없다고 생각했는데, 원래 고등학교 시절에 야구부 매니저를 했거든요. 오사카에 가면 타이거즈 시합을 보러 갈 기회가 있겠구나 싶어.

친구로 사귄 애들이 마침 여자애들이었는데, 그중에 야구 보는 것을 좋아하는 애가 있었어요. 그 아이가 데려가서 보여 주었는데 꽤 재미있더라고요.

야구를 보는 동안 거기에서 만났어요. 다른 곳에서 야구장에 온 남자가 몇 명 있었는데, 그중에 지금 남자친구가 있었거든요.

— 야구장에서 만났군요.

그렇습니다. 걸려들었다고 해야 할까, 지갑을 잃어버려서 어떡하지 하고 있는데 (웃음), 함께 찾아 주면서… (웃음).

마침 잘 찾아 주었어요. 맞아요. 그런 일도 있었으니까 '자 그럼 함께 봐요' 하고 말했고요. 그다음에는, 그러니까 시합이 끝난 다음에는 '자, 내 친구들하고 다 같이 마시러 갑시다' 했고요. 술을 마시러 갔다고 할까, 여하튼 식사를 하러 가서 거기에서….

— 텔레비전 드라마 같네요 (웃음). 사랑의 도피행도 하고 (웃음).

나로서는 그렇게 할 마음이 없었는데요 (웃음). 그렇지만 친구들은 내 인생 자체가 재미있대요. 드라마틱하다고 하고요.

—그 일은 숙모 집으로 가고 나서 비교적 곧바로?

그렇지요. 곧바로 금방. 줄곧 뭐 숙모 집에 있으면서 사귀었는데…. 저, 같이 살자는 말이 나와서.

실은 빚이 있었지요. 그 당시에. 300만 (웃음).

— 엥? 어째서?

그건 또 저… 열일곱, 열여덟 때 이야기인데요. 지금보다 20킬로 살이 쪘었어요. 그 때문에 에스테*에 갔는데.

열일곱, 열여덟, 맞아요. 고등학교 졸업하고 금방이었는데, 에스테에나 다니고 (웃음). 음, 악덕 상술은 아니었지만 좀 궁금증이 일어나서 (웃음).

아니, 저, 예쁘고 날씬해진다고 하니까. 실제로 스포츠 센터에 가거나 수영 강습에 다니면서 실제로 뭐, 살이 쪽 빠지긴 했는데 (웃음). 어쩐지 요요 현상 없이 살이 잘 빠졌어요.

이런 일 그런 일에 손을 대는 동안에 어쩌다 보니. 하기 시작하면 상당히 흠뻑 빠져들거든요. 이것저것 하는 사이에 300만엔 빚이 생겼지요.

음, 그게 실은 에스테를 받다가 300만이 (빚이) 있다고 하면

---

* 피부, 탈모, 미백 등 전신미용을 위한 시설.

놀랄 테니까 살짝 입을 다물고 있는 것인데.

— 헤어진 남편은 그 사실을 알았나요?

아니요, 몰랐어요.

그게 300만인데요. 그래도 다달이 보너스 받으면 갚기도 하고, 내가 아르바이트하면서 돈을 갚거나 했기 때문에 전혀 연체하지 않고 갚고 있었어요. 지금의 남자친구와 살기 시작했을 때. (그렇지만) 이대로는 300만을 (전액) 갚는 데 몇 년이나 걸릴까. 글쎄요. 참 힘들겠지요.

그래서 신문이나 잡지를 자주 읽다가. 유흥업 관계의 일이라는 것은 어렴풋이 알고 있었지요.

그런데 그런 책을 사서 봐도 별로 잘 알 수가 없어서 (웃음). 스포츠 신문을 보고 (웃음). 스포츠를 좋아하거든요. 집에서 스포츠 신문을 구독하고 있었지요.

아, 그래서. 여기라면 좋은 사람만 있고, 할 만하겠다 싶은 기분이 들어서. 뭐, 보험(을 들어 놓는다는 의미)이라고 생각하고 (다른 가게에도) 면접을 갔는데, 전부 내일부터라도 와 달라는 말을 들었어요.

마지막에 간 다섯 번째 집 사람이 좋은 사람이었어요. 면접을 해 준 사람도. 당시 지금 나하고 나이가 같은 사람이었는데. 서른인 아가씨가 점원으로 있고. 서른쯤 되니까 이 일을 접고, 이

가게에서 점원으로 일을 한다고 하더라고요. 일도 가르쳐 주겠다고 (그랬어요).

윗사람이 신인을 키워 주겠다고도 하고, 또 새로운 기분으로 장사를 해 나가고 싶다는 말을 들었기 때문에 당신처럼 이 일을 하나도 해 본 적 없는 사람이 좋다, 우리 가게도 조금은 숙녀(熟女)* 계가 많아지고 있으니까, 그러면서 (웃음). 가게 분위기를 좀 확 바꾸고 싶다고 생각하는 참이었다고. 당신 같은 사람이 와 준다면 절대 붙잡아야 한다는 말을 듣고, '저기, 내가 할 수 있을까? 괜찮을까?' 이런 생각은 들었지만, 가능하면 내일부터 일을 나와 달라는 말을 듣고.

다른 가게에서도, 규모가 더 큰 곳에서도 이러저러한 설명을 잔뜩 해 주었지만. 역시 해 본 적 없는 일이라 불안한 마음이 컸는데, 마지막 면접을 보러 간 곳에 있던 가게 주인이 너무 멋있었어요. 저, 긴장을 풀어 주지는 않았지만 (웃음). 그래서 아아, 이 가게로 정하자 싶었지요.

— **지금의 남자친구는 알고 있나요? 유흥업 일.**

아니, 몰라요. 숨기고 있는데요. 그런데 내가 예상했던 2년은 커녕 1년도 안 되어 (빚을 전액) 갚을 수 있어서 놀랐어요.

— **만약 빚이 없었다면 이런 일은 하지 않았을 거라고 생각하나요?**

---

* 30대에서 50대 사이의 성숙한 성적 매력이 있는 여성을 가리키는 말.

네. 안 했을 겁니다. 그럼요.

그러니까 남자를 유혹하는 데는 젬병이라고 생각했거든요. 줄곧…. 남자 기분을, 아아, 뭐라고 해야 하지? 자기 쪽으로 끌어당긴다고 하나? 그런 것은 절대로 재주가 없는 분야라고 생각했으니까. 절대로 그런 일을 할 수 있으리라고는 생각하지 못했으니까.

빚이 없었다면 아마도 평범하게 사무원이나 하고 있었겠지요. 나 전혀 재주가 없다, 어려운 분야(유흥업)에 들어왔다고 생각하고 있어요.

그래서 뜻도 모르고 하고 있었어요. 그중에서도 지명이라는 것이 있잖아요. 처음에는 몰랐어요. 날 지명해 준 손님이 있다고? 뭐 날 마음에 들어 한다는 말이겠는데, 그런 사람이 과연 있을까? (웃음)

— **아하하 (웃음).**

그런 생각에 (웃음).

— **지금 저금하고 있는 것도 남자친구에게는 비밀로 하고 있겠네요?**

비밀로 해 주셔야 해요. 들키면 큰일 나겠지요 (웃음).

— **좋은 아내랄까, 주변머리가 좋은 집사람이네요 (웃음).**

아, 주변머리…. 이 일을 하는 사람은 결국 자기가 사장 행세를 하니까 남성적인 사람이 많아요. 그래서 말하자면 난 남자친구가 생활비를 꼬박꼬박 주니까, 뭐 표면상으로는 내가 부양을 받고 있는 형태라고 생각하지만.

— **동거를 오래 하네요. 결혼은 하지 않나요?**

결혼하자는 이야기도 있었지만 내가 한 번 실패를 했으니까 (웃음). 저, 나는 별로 결혼하고 싶은 마음이 없어서. 유흥업 일을 하고 있는 상태기도 하고. 이 일을 깨끗하게 그만두고 난 다음이 아니면, 역시 결혼은 하지 않는 게 좋을 것 같아요.

그리고 있잖아요. 결혼해서 유흥업 일을 하느니 마느니 하면서, ×표(이혼)가 하나 더 늘어나는 것은 싫으니까 (웃음). ×표는 하나로 끝내고 싶거든요 (웃음).

— **남자친구가 결혼하자는 이야기는?**

아, 그런 말을 한 적은 있어요. 내가 전혀 그럴 의사가 없다는 말을 전했지요. 만약 무슨 일이 있어도 결혼하고 싶으면 다른 사람하고 결혼하라는 말까지 한 적도 있어요.

— **그런 말까지 했어요?**

네. 스물다섯일 때. 그렇지만 뭐 그런 거죠. 그래도 뭐 다른 부부들하고 비슷한 느낌이지요. 7, 8년쯤 되었으니까. 단지 종잇조각에 기재하지 않았을 뿐이지 (웃음). 부부 비슷한 것.

그래서 말하자면 (치근덕거리는) 손님에게는 남편이 있다고 설정하지요. 음, 전혀 그렇게 보이지 않는다고 하면, 거짓말 아니라고. 뭐, 아이가 있어도 결코 이상하지 않은 사이니까 (웃음).

— **그러고 보니 아이는?**

아이는 딱히 낳지 않을 작정은 아니지만, 아직 없네요. 아이는 좋아하거든요.

— **아이들은 귀엽지요.**

네. 귀여워요.

(고유명사나 사실 관계 등은 대폭 변경했다.)

평범하고자
하는
의지

　　　　　며칠 전 아주 기묘하고, 아주 멋진 블로그를 발견했다.

　개인이 살그머니 하고 있는 곳이라 직접 여기에 URL을 붙이지는 않겠다. 하지만 벌써 4년 이상 지속하고 있는 이 블로그는 상당히 고령의 복장 도착자(cross dresser)* 것이다. 일기풍의 짧은 문장과 더불어 젊은 여성의 복장을 입고 촬영한 사진이 실려 있다.

　붙여 놓은 사진은 하나같이 성터나 일본 정원 등, 이른바 '명소 유적'에서 여행 중인 인물 사진(portrait)풍으로 찍은 사진, 또는 어딘가에서 촬영한 자기 사진을 그런 장소와 합성한 사진이다.

　그리고 블로그의 기사는 대다수가 거의 시사 문제나 주변의 사회 문제, 또는 연예인 화제 등이고, 뉴스 종류에는 자신의 생각을 코멘트로 붙여 놓았다. 과격한 정치적 의견은 찾아볼 수 없고, 어느 것이나 온건한 것뿐이다.

　이를테면 날씨 이야기나 빨래 이야기, 이불의 시트를 바꾼 이

---

* 성적 쾌감 등의 목적으로 이성의 옷을 입는 사람.

야기 등 일상적인 화제를 담담하게 이야기한다. 설날 텔레비전 프로그램이 재미없다는 등, 연예인들의 토크가 저속해서 기가 막힌다는 등. 국제적인 무대에서 열심히 활동하는 일본 대표를 응원하고, 음주 운전에 의한 사고 뉴스를 인용하면서 '술을 마시는 사람은 정도껏 자제하라'고 쓴소리를 한다.

또는 커다란 정치 정세나 경제 문제에 대해서도 글을 쓴다. 미국의 독선적인 중동 정책을 비판하고, 동일본대지진 이후 아베 정부의 부흥 지원책이 제대로 진행되지 않아 효과가 별반 눈에 띄지 않는다는 것에 분노하고 있다. 자기 배를 채우는 정치가나 비인간적인 관료를 질타하고, 아동 학대 뉴스를 가슴 아파하며 '세상이 미쳐 돌아가고 있네요' 하며 한숨을 내쉰다.

사고에 휘말린 아이들에게는 조용히 명복을 빈다. 그리운 마음을 담아 옛날에 키우던 고양이나 개에 대해 이야기한다. 좋아하는 노래 가사를 실을 때도 있다.

시사 문제, 사건이나 사고, 재해 이야기, 일상적인 화제, 옛날에 기르던 애완동물을 추억하는 기사, 명소로 알려진 유적, 역사적 건축물, 전망이 좋은 장소, 유명한 건물, 아름다운 공원, 예쁜 장미꽃밭 앞에서 여사원이나 여고생 모습으로 조용히 미소 짓고 있는 블로그 작성자의 사진이 조금도 이질감 없이, 그리고 아무런 설명도 없이, 그저 고요하게 나란히 거기에 놓여 있다. 그리고 그 사진이 기사 안에서 전혀 언급되지 않는다는 것이 전체적으로 이 블로그를 무언가 독특한 것으로 만들어 준다.

이 블로그를 보고 솔직히 말해 내 선입관이 뒤집혔다. 이를테면 복장 도착자가 자신의 지향성을 표현할 때, 그것에 대해 언급하는 것이 당연하다고 여겼던 것이다.

자주 그렇듯, 이른바 '아가씨 말'을 사용하고 있는 것도 아니다. 복장 도착이란 무엇인가에 대해 열렬하게 이야기하지도 않는다. 그저 그렇게, 정말로 평범하게 '습니다' 체로 거의 매일, 날씨나 뉴스나 연예 소식에 대해 글을 쓰고 있다. 거기에 한 장이나 두 장, 자기 사진을 올려 놓는다. 문장도, 사진도, 마치 저녁뜸 잔잔한 바다처럼, 아주 온화하고 평화롭고 풍요로운 감수성과 부드러운 시선으로 가득 차 있다.

인터넷 가운데 지극히 일부에서 이 블로그는 화제가 되었던 듯하다. 복장 도착 사진을 조롱하며 웃는 사람도 있었지만, 난 이 블로그가 확실히 전체적으로 매우 기묘하고 독특한 동시에 아주 멋스럽다고 생각한다.

간단하게 말하면 이런 말이다. 소수자란 이른바 '딱지'가 붙여진 존재다. 이 점에 대해서는 누구나 알고 있을 것이다. 그러나 그 딱지가 '붙여지지 않은 상태'를 '실현'하려 한다면, 그것은 어떠한 모습으로 이루어질까?

이 블로그는 실로 그것을 실제로 보여 주는 매우 조용하고 개

인적이고 사소한, 그러나 동시에 매우 용기 있는 '실험'의 기록
이다.

이 문제를 이해하기 위해서는 우선 '딱지'에 대해 이해할 필
요가 있다.

마이너리티라든가 소수자라든가 당사자 등등 표현하는 말은
여러 가지 있다. 여하튼 그런 사람들과 숱하게 만나서 숱하게
구술 청취를 해 왔다. 그런 존재에 대해 생각한다는 것은 소수
파인 사람들에 대해 생각하는 것이고, 나아가 오히려 다수자,
일반 시민, 또는 '보통 사람들'에 대해 생각하는 것이기도 하다.

총괄적으로 말해 난 그런 것에 대해 다양하게 취재를 하거나
생각해 왔다. 이 역시 흔하디흔한 말밖에 되어 버리지 않지만,
역시 '평범함'이란 그 어디에도 존재하지 않는구나 하고 생각하
게끔 되었다.

나는 단지 자주 입에 오르내리듯, '얼핏 보면 평범하게 보이
는 사람들에게도 다양한 사정이나 상황이 있고, 그런 의미에서
는 그 사람들도 평범하지 않다. 각자 특별한 존재다.' 이런 말만
하려는 것이 아니다. 물론 이 말은 사실이지만.

다수자란 무엇인가, 일반 시민이란 무엇인가를 생각하면서
언제나 느끼는 바는, '커다란 구조 속에서 그 존재를 지시할 수
없다/지시할 수 없도록 되어 있다'는 것이다.

소수자는 '재일 코리안', '오키나와인', '장애인', '게이'라는 식으로 언제나 손가락질당하고, 딱지가 붙여지고, 지목 당한다. 그러나 다수자(majority)는 '일본인', '내지인', '건강한 사람', '이성애자'라고 손가락질당하고, 딱지가 붙여지고, 지목 당하는 일이 없다. 따라서 '재일 코리안'의 상대어라고 하면 편의적으로 '일본인'이라는 말이 끌려 나오지만, 애초부터 이 두 단어는 같은 평면 위에 나란히 존재하는 것은 아니다. 한쪽은 색깔에 물들어 있다. 이에 반해 다른 쪽은 다른 색깔에 물들어 있지 않다. 이쪽에는 애당초 '색깔이란 것이 없는' 것이다.

　한쪽에 '재일 코리안이라는 경험'이 있고, 다른 한쪽에 '일본인이라는 경험'이 있는 것이 아니다. 한쪽에는 '재일 코리안이라는 경험'이 있고, 그리고 다른 한쪽에는 '애초에 민족이라는 것에 대해 아무것도 경험하지 않고, 그것에 대해 생각하는 일도 없는' 사람들이 있을 따름이다.

　그리고 이것이야말로 '평범함'이다. 그것에 대해 아무것도 경험하지 않고, 아무것도 생각하지 않아도 되는 사람들이 바로 평범한 보통 사람이다.

　학생을 데리고 자주 미나미*의 뉴하프 쇼 펍(new-half show pub)

---

* 오사카 시 주오 구(中央区)와 나니와 구(浪速区)에 걸쳐 있는 번화가의 총칭.

에 간다. 대체로 언제나 여학생이 무척 기뻐한다. 그러한 공간에서는 오히려 여성이 해방감을 느끼는 듯하다. 어느 날 쇼를 쉬는 시간에 가게의 아가씨가 여학생들이 앉아 있는 테이블에 다가오더니, 이런 농담을 날렸다. "너희들 여자는 좋겠다. 그냥 티셔츠만 입고 있어도 여자잖아. 우리 오카마*는 이렇게 화장을 하고 한껏 꾸며 봐야 겨우 오카마밖에 될 수 없으니까."

난 이것이야말로 평범함이라는 것이로구나 생각했다. 아무것도 하지 않고 수수하게 티셔츠만 걸쳐도 여자로 있을 수 있다는 것.

물론 우리 남자는 더 나아가 '어느 쪽에 속하는 성(性)인가?'를 생각하는 과제조차 면제받고 있다. 남자는 마음껏 '개인'으로서 행동하고 있지만, 우리 곁에서 여성들은 '여자로 있다.'

자, 그렇다면 사회에 의해 물들여지고 딱지가 붙여진 존재가 '평범해지는' 것은 어떻게 해야 가능할까?

실은 그것이야말로 다양한 차별 반대 운동이 지닌 하나의 커다란 목표였다. 우선 처음 내세워지는 운동의 목표는 딱지를 떼어 내고, '무징표'의 존재가 되는 것이다. 그러나 이것은 자신의 정체를 부정하며 살아간다는 뜻이다. 이를테면 피차별 부락 문

---

* 여장남자를 가리키는 속어.

제는 '거기에서 태어났다／거기에서 살고 있다'는 점에 의한 차별이다. '자, 그러면 다들 그곳을 떠나서 그곳 출신이라는 것을 숨기고 살아가면 어떤가?' 누구라도 이런 생각이 먼저 떠오를 것이다.

그러나 자신의 출신을 숨기고 살아간다는 것은 그 자체로 무척 가슴 쓰라린 일이다. 애초부터 그것 자체가 늘 '나는 누구일까?'라는 물음을 끊임없이 불러일으키는 계기가 될 것이다. 한번 붙여진 딱지를 간단하게 벗겨 내는 일은 불가능하다.

따라서 딱지가 붙여진 채 딱지의 가치를 전도시키고, 딱지에 대해 자부심과 긍지를 품는 것, 이것이 평범함이 된다. 한마디로 차별을 뛰어넘는다는 것은 딱지에 대해 '모르는 척하는' 것이 아니라 '딱지와 더불어 살아가는' 것이다.

사회 운동 이야기는 이쯤 해 두자. 중요한 것은 사회적으로 붙여진 딱지를 벗겨 내는 일이 아주 힘겨운 여러 가지 문제를 불러일으킨다는 것이다. 그것은 커다란 용기가 필요한 일이기도 하다.

딱지를 붙인다는 것이 어떤 것인지를 이해할 때, 한 가지가 있다. '무언가를 표현하고자 할 때, 그 딱지가 강조된다'는 것이다.

예컨대 여성 변호사나 여류 작가처럼, 어떤 직함에 따라붙는 '여성'이나 '여류'는 자주 쓰이는 말이다. 물론, '남성'이나 '남류'라는 말은 쓰이지 않는다(애당초 '남류'라는 말은 한자어로도 없다). 여성인 변호사나 정치가에 관한 화제를 매스컴에서 취급할 때는 반드시 '여성'이라는 점을 강조한다.

자, 이제 복장 도착이 '통상적인 것'이 되어 있는 세계를 상상해 보자. 그 세계에서는 아마도 '복장 도착'이라는 언어조차 존재하지 않을 것이다. 그것은 완전하게 당연한 선택지의 하나가 되어 있다. 개인으로서 평범하게 일기나 블로그, 트위터, 페이스북 등에 글을 쓰면서 복장 도착의 사진을 동시에 게재해도 아무런 거부감도 발생하지 않는다.

내 개인적인 신념일지도 모르겠지만, 이 블로그는 좀 극단적으로 표현해서 하나의 유토피아를 달성하려고 하는 시도처럼 느껴졌다.

만약 복장 도착이 평범하고 당연한 세계에 복장 도착자의 블로그가 있다면? 거기에는 아마도 시사 문제나 일상적인 화제에 대해 담담하게 글을 쓰면서 복장 도착의 사진이 실려 있을 것이다. 물론 이것이 전부는 아니고 더욱 다양한 모습을 띨 테지만, 그것은 적어도 '하나의 모습'일 수 있다.

딱지가 붙여진 것이 진정으로 '무징표'의 존재가 되기는 곤란하다. 따라서 이 블로그도 '그것에 대해 언급하지 않는다'는 점에서 보자면, 전체적으로는 다른 데서 별로 볼 수 없는 느낌을 준다. 그러나 이것은 강한 의지를 품고 '평범해지려고 하는 사람'의 조용한 용기와 정열에 의해 만들어진 작품인 것이다.

표현하는 쪽의 딱지를 언급하는 일 없이 순수한 표현자로서 표현할 수 있는 것. 이것이 딱지가 붙여진 자가 표현할 때, 이상적인 상황일 것이다.

물론 이것은 현실의 사회 운동이 지향해야 할 바와는 전혀 다르다. 왜 그런가 하면, 딱지를 완전히 소거하고 망각하는 것은 대단히 어렵기 때문이다. 현실적으로는 딱지를 받아들이고, 그것과 더불어 살아가는 수밖에 없다.

이 블로그는 이 사회 안에서 한 사람의 복장 도착자가 시도한 자그마한 꿈의 실현이다. 여기에는 복장 도착을 알게 된 이야기나 아이덴티티를 추어올리는 일, 억압적인 사회에 대한 비판, 그런 것이 하나도 없다. 그는 누구와도, 무엇과도 싸우지 않는다. 그러한 싸움을 훌쩍 뛰어넘어, 최초부터 그러한 험난한 싸움이 존재하지 않았던 세계를, 자기만의 아담한 미니어처 가든에서 실현하고 있는 것이다.

누구도, 누구에게도 손가락질을 받지 않는, 평온하고 평화로운 세계, 자기가 누구인가를 완전히 망각한 채, 자유롭게 표현할 수 있는 세계, 그것은 우리 사회가 꾸는 꿈이다.

축제와
망설임

아내는 대학생 시절에 시끌벅적한 대학가에서 혼자 살고 있었다. 그해 여름 그녀는 본가로 돌아가지 않고 오사카에 남아 아르바이트를 했다. 어느 날 밤늦게 편의점에서 물건을 사고 있었다. 그곳에는 그녀 쪽을 뚫어지게 쳐다보는, 비슷한 또래의 대학생 같아 보이는 남자가 있었다. 편의점을 나왔더니 뒤를 따라왔다. 학생이 많이 살고 사람의 왕래가 많은 거리였다. 그래도 밤늦은 시간이었기 때문에 그녀는 곧장 집으로 가지 않고 반대 방향으로 걸어갔다. 그 남자는 계속 뒤를 따라왔다.

그녀는 아르바이트를 하던 음악 스튜디오에 들어가 얼마 동안 동료들과 이야기를 나누었다. 시간을 벌어 보려고 했던 것이다. 그런데 바깥으로 나와 보니, 아직도 기다리고 있던 남자가 계속 뒤를 따라왔다. 아무리 빙빙 돌아다녀도 계속 따라왔다. 결국 뒤를 돌아보고, '무슨 볼일이 있나요?' 하고 물었다.

다들 본가로 돌아가 아무도 없어요. 외로워서요. 친구가 되고 싶어요.

남자가 우물쭈물 중얼거린 대답에 그녀는 머리끝까지 화가 났다. "그렇게 뒤를 따라오면 무서울 게 뻔하잖아요?" 하고 소리쳤다. 그러자 남자는 뾰로통해져서는, "친구가 되고 싶었을 뿐인데" 하는 말을 내뱉었다. 그리고 갑자기 등을 휙 돌리더니 성큼성큼 어디론가 가 버렸다.

그녀만 덩그렇게 남겨졌다.

좀 다른 태도를 취했다면 친구가 되었을지도 모른다는 생각이 든다. 또는 그런 식으로 사람을 만나는 방법밖에 몰랐다면, 친구가 생기지 않았으리라는 생각도 든다. 그렇지만 굳이 내가 어느 쪽인가를 말한다면, 젊었을 때는 나도 이런 고독감이 넘치고 남아돌았기 때문에 이 남자의 기분을 아예 모르지는 않는다. 그러나 여자에게 겁주는 짓을 해 놓고는 상대가 화를 낸다고 해서 마치 자기만 상처를 입은 것처럼 적반하장으로 행동한 모습은, 참으로 바보 같다고 생각한다. 그리고 무섭다는 생각이 들었을 때, 당장 화를 낼 수 있었던 아내는 정말 대단하다고 생각한다.

이 이야기를 했을 때 아내는 한 발 더 나아가 이런 이야기를 했다. 마흔을 넘긴 지금까지도 아내는 엄청나게 낯을 가리는 편인데, 젊을 때는 더 심했다고 한다. 타인이라면 무조건 무서웠고, 무의식중에 주위에, 특히 남성에게 '다가오지 마세요, 말을 걸지 마세요.' 이런 분위기를 풍겼다고 한다. 그래서 어떻게 되었느냐 하면, 그런 분위기를 알아챈 사람은 아내에게 접근하지 않았다. 그 대신, 그런 분위기를 전혀 눈치 채지 못하는 무신경한 사람만 아내에게 다가왔다.

물론 이 이야기는 꽤 과장되어 있을 것이다. 그녀에게 접근한 사람 중에는 이제 와서 생각해 보건대 좀 대화를 나누었어도 좋았을 것 같은 사람도 있는 듯하다. 그렇다고 해도 벽을 뛰어넘어 타인과 이어지는 일은 정말 어렵다. 자칫 잘못하면 그것은 남성이 여성에게 휘두르는 폭력밖에 되지 않는다.

인류학자인 오가와 사야카(小川さやか)가 쓴 『도시의 삶을 살아내기 위한 꾀─탄자니아의 영세 상인 마칭가의 민족지(都市を生きぬくための狡知 ─ タンザニアの零細商人マチンガの民族誌)』(2011)는 진실로 충격적인 책이었다. 탄자니아의 도시에서 오가와 사야카는 떠돌아다니는 노상 소매상 세계에 뛰어들었다. 그녀는 그들의 친구가 되었고, 그러다가 결국에는 자신도 행상인이 되어 버렸다. 탄자니아의 길 위에서 낡은 옷을 파는 젊은 일본인 여성은 현지에서도 눈에 잘 띄는 존재일 것이다.

오가와 사야카 자신이 펼치는 필드워크의 '잠입 방식'도 흥미롭기 짝이 없지만, 그 책에 그려 놓은 '마칭가'(길 위의 영세한 행상인들)의 세계도 기가 막히게 재미있다. 그곳에서는 살아 있는 인간들 사이의 거래가 이루어지고 있을 뿐, 그것을 규제하는 '외부의 권력'은 거의 존재하지 않는다. 따라서 사람들은 다양한 재치와 임기응변, 또는 '약아 빠진' 말을 구사한다. 길 위의 사람들은 손님뿐 아니라 서로끼리도 속고 속인다. 그들은 속이고, 얼버무리고, 말로 연기를 피우며, 자신의 이익을 최대화하려고 한다.

그러나 가장 재미있는 점은 마칭가들의 세계가 서로의 투쟁이나 배신에 의해 내부로부터 붕괴하지 않고, 최소한의 상호 신뢰 관계를 유지하면서, 어떻게든 잘 '돌아간다'는 점이다. 우리는 경찰이나 군대 같은 외부의 강제력이 없으면, 모럴이나 질서가 붕괴해 버린다고 믿고 있다. 그런데 그러한 강제력이 없는 곳에서도 마칭가들은 서로를 속이면서 잘 살아가고 있다. 그곳에는 최소한의 신뢰나 신용이 존재한다는 말이다. 이 책을 읽으면, 절절하게, '사회'라는 것은 수많은 '좋지 않은 것'을 내포하면서도, 그럼에도 성립해 '버리는' 무엇이로구나 싶다. 강제력이 없는 곳에서는 서로 죽고 죽이는 수밖에 없다고 믿고 있는 우리에게 이 책은 무척이나 통쾌한 '해독제'가 된다.

우리는 무언가 두려운 것, 싫은 것이 있으면 금방 선생님에게 고자질하거나 경찰에게 알린다. 하지만 이를테면 전철 안이나 길 위에서 시끄럽게 떠드는 사람들은 자기들이 유쾌한 탓에 주위를 단지 잊고 있을 뿐인 때도 많다. 될수록 웃는 얼굴로, '미안하지만 좀 조용히 해 주실 수 없을까요?' 하고 부탁하면, 대개는 상대방도 웃는 얼굴로, '아, 미안합니다. 깜빡했네요' 하며 사과한다.

특히 인터넷 속 세상을 바라보고 있으면, 정말로 우리는 '타자'를 무서워하는구나 싶다. 거기에는 까닭도 없고 근거도 없는 공포가 충만해 있다. 동시에 그 반동으로 음습하고 병적인 증오가 가득 차 있다.

언제나 떠올리는 것은 오가와 사야카가 그려 낸 것 같은, 타자와 함께 즐기는 '축제적'이라고 할 만한 행복한 만남이다. 물론 오랜 기간에 걸친 필드워크의 과정에서 끔찍하게 싫은 일이나 신변의 위험을 느낀 적도 많았을 것이다. 그렇지만 그녀가 (실로 즐거운 듯) 묘사해 낸 것은 축제처럼 흥청거리는 길 위의 세계에서 벌어지는, 다양하게 오고 가는 사람들과의 만남이다.

그러나 다른 한편으로는 아내로부터 들은 에피소드를 떠올린다. 그것은 단지 불행한 만남의 형식이라는 점뿐만 아니라 뚜렷한 공포를 동반한 폭력적인 체험이었다. 세상에는 그런 일이 있는 법이다.

만남은 폭력적일 수도 있다.

나는 어느 잡지에 쓴 글에서〔『at 플러스(atプラス)』 23호(2015)〕 오가와 사야카의 책과 양영희의 영화〈가족의 나라(かぞくのくに)〉를 대비시켜 논의한 적이 있다. 두 작품은 하나같이 정말 중요한 이야기를 하고 있는데, 방향은 완전히 정반대다.

양영희 감독의 영화〈가족의 나라〉(2012)는 '귀국 사업'*으로 북한으로 돌아간 재일 코리안 남성과 일본에 남은 가족 사이에 이루어진 25년 만의 만남을 그린 작품이다. 이 영화는 재일 코리안의 상황이나 전후 일본 사회의 모습을 조명하면서도, 어디까지나 한 가족의 소소한 일상을 은근하게 묘사하고 있다.

1997년 여름, 이야기의 주인공은 도쿄의 서민 동네에서 가족과 함께 살고 있는 재일 코리안 젊은 여성이다. 리에라는 이름의 그녀는 다방을 경영하는 부모님과 함께 본가에서 생활한다. 그녀의 오빠 성호는 1972년 무렵인 열여섯일 때 북한으로 '귀국'했다.

뇌수술을 위해 실로 25년 만에 오빠가 일본으로 돌아온다는 대목부터 이야기는 시작된다. 손에 들고 찍는 작고 흔들리기 십상인 카메라에 의해 스토리는 천천히 앞으로 나아간다. 무대가 되는 본가와 그 집 1층에 있는 다방은 낡고 좀 때가 탔고, 생활

---

* 1950년부터 1984년에 걸쳐 재일 코리안과 그 가족이 일본에서 북한으로 집단적인 영구 귀국 또는 이주를 한 것.

의 냄새가 풍긴다. 이 다방이나 본가의 생활감이야말로 양영희 감독이 무엇보다도 표현하고 싶었던 것이리라. 그것은 '여기에 사람이 살고 있다'는 것을 드러내는 시각적인 표현이다. 이 영화에 비추어지는 것은 민족이나 인종이라는 범주가 아니라 각자 한 사람 한 사람으로서 살고 있는 '사람'이다. 그녀는 이것을 우리에게 직접 호소한다.

담담하고, 평온하게, 오랜만에 재회한 가족의 나날이 이어진다. 그러다가 영화는 갑자기 아주 부조리하고 이치에 맞지 않는 방식으로 끝을 맺는다. 우리는 어이없는 상태로 스크린 이쪽에 덩그러니 남겨진다.

이 작품을 통해 양영희 감독이 묘사하고자 한 것은 타자와의 만남이 아니다. 이른바 '타자라는 것' 자체다. 이 영화에는 재일 코리안과 양심적인 일본인의 행복한 만남은 전혀 나오지 않는다. 그렇기는커녕 애초부터 일본인조차 거의 나오지 않는다. 단지 네 명의 가족을 중심으로 재일 코리안의 일상과 현실이 그려진다.

나는 이 영화가 〈박치기!〉*처럼 훌륭한 만남의 서사로서 '그려지지 않았다'는 것을 자주 떠올리면서 생각한다(〈박치기!〉도 정

---

* 2004년에 제작된 이즈츠 카즈유키(井筒和幸) 감독의 영화. 조선학교를 찾아간 한 일본인 학생의 이야기를 담고 있다.

말로 좋아하는, 좋은 영화지만).

나는 재일 코리안이나 피차별 부락이나 오키나와 사람들에 대해, 또는 여성이나 장애인에 대해 누가 보더라도 다수자의 입장에 서 있다. 그러나 그러한 존재에 대해 잘 알고 싶다는 마음에 보잘것없지만 공부를 해 왔다. 또한 일이나 사생활 면에서 그런 사람들과 맺은 관계도 점차 늘었다.

그러나 근본적인 지점에서 역시 나는 다수자일 수밖에 없다.

학생들에게 그런 문제에 대해 가르칠 때, 언제나 어떻게 하면 좋을까를 생각한다. 나는 기본적으로 다수에 속하는 학생들도 이러한 문제에 대해 알기를 원하고, 가능하다면 그러한 입장에 놓인 사람들과 직접 만나기를 바란다. 그러나 그러한 만남은 때로 폭력이 될 수도 있다.

수업 시간에 쓰루하시나 오키나와, 가마가사키(釜ヶ崎)*에 학생들을 데리고 간다. 어느 날, 다른 대학의 교수인 친구 부탁으로 그의 강의를 듣는 학생들을 가마가사키에 안내한 적이 있다. 마침 5명쯤 되는 학생들이 모두 여성이었기 때문에 좀 망설였

---

* 오사카 시 니시나리 구(西成区)의 일부 지역. '아이린 지구'라고도 부른다. 좁은 간이 숙소가 밀집해 있다. 고도성장기에는 도쿄, 산야(山谷), 요코하마 등과 나란히 일용 노동자의 거리로서 번화했다. 1990년대 노숙자가 급증하면서 최근에는 생활 보호를 받으며 아파트에서 살기 시작한 사람이 늘어나고 고독사 문제가 부상하고 있다.

다. 하지만 중요한 공부이기 때문에 데리고 갔다.

여러모로 신경을 쓰려고 애썼지만, 때로는 술에 취해 길거리에 널브러져 있는 아저씨로부터 놀림을 당하기도 했다. 그때에도 그런 일이 있다는 것을, 학생들은 대개 이해해 주었다. 그렇지만 딱 한 사람이 가마가사키에 대해 '무섭다'는 이미지를 갖고 말았다. 길 위에서 살아가는 아저씨들이 얼마나 힘든지를 열심히 설명했기 때문에 이해했다고는 생각하지만, 그래도 정말 이럴 때는 어떻게 해야 좋을지 갈피를 잡을 수 없다.

여학생의 눈으로 보자면, 아무리 노숙자라 하더라도 '아저씨'고 '무서운 남성'이다. 그런 존재에 대해 거리를 둔다는 것은 그 자체로 이해할 수 있는 일이다. 그러나 동시에 '누군가가 보러 와 준' 그 아저씨도 괴로웠을 것이다. '우리가 구경거리냐?'라고 말할 수 있었다면 말하고 싶었음에 틀림없다. 그때부터 나는 여학생을 가마가사키에 데려갈 때에는 8월 여름 축제 등으로 한정하고 있다.

벽을 넘는다는 것이 여러 가지 의미에서 폭력이 될 수 있다는 것을 나는 더욱 진지하게 생각해야 했다. 그러나 벽을 넘지 않는다면, 그 여학생을 비롯해 우리는 우리를 지켜 주는 벽 바깥쪽에 사는 사람들과 영원히 만나지 않은 채 살아가게 될 것이다. 지금도 진정으로 어떻게 해야 좋을지 갈피를 잡을 수 없다.

우리 다수자들은 '국가'를 비롯한 다양한 방벽에 의해 보호를 받고 있다. 그 때문에 벽에 대해 생각할 필요가 없다. 벽이 눈에 보이지 않을 만큼, 벽에 의해 비호를 받고 있다. 이를테면 우리는 국가에 의해 가정이나 동료로부터 찢겨 나가는 일이 없기 때문에 그것들을 국가와 떼어 내어 생각하는 일이 허용된다. 다양한 '특권'에 의해 가장 개인적이고 내밀한 생활을 할 수 있는 것이다. 물론 그런 생활에도 개인적인 고민이나 고통은 한없이 존재하지만, 다수자는 어디까지나 개인적인 문제로서 그것을 고민하고 괴로워하는 일이 '가능하다.'

그렇게 벽에 의해 보호받으며 '개인'으로서 살아가는 것이 가능한 우리의 마음은 벽 바깥의 타자에 대한 까닭 없는 공포에 지배당하고 있다. 확실하게 우리의 마음 깊숙한 곳에는 타자에 대한 두려움이 있다. 그리고 불안과 공포와 두려움은 지극히 쉽사리 타자에 대한 공격으로 변한다.

따라서 이 사회에 무엇보다도 필요한 것은 타자와 만나는 기쁨을 나누는 일이다. 이렇게 쓰면, 참으로 듣기 좋은 말이구나, 어쩔 도리도 없는 샌님의 풋내 나는 말이구나 하고 생각할지도 모른다. 그러나 우리 사회는 이미 그러한 냉소적인 태도가 아무 의미도 지니지 못하는, 그렇게 냉소하는 사이에 손쓰기에 때늦어 버리는, 그런 지경까지 와 있다. 상이한 존재와 더불어 살아가는 일에 대해 있는 그대로 소박하게 가치를 긍정하는 것이 아무래도 필요한 상황이다.

그러나 동시에 우리는 '타자라는 것'을 구둣발로 밟고 다니는 일 없이, 한 걸음 바로 앞에 무르춤하게 멈추어 서는 감수성도 반드시 필요하다. 내성적이고 암울하고 가슴을 짓누르는 양영희의 작품은 안이한 만남이나 대화 위에, 우리가 품고 있는 아전인수의 기대를 얹어 놓지 않는다. 반복해서 말하지만, 이 작품에는 '양심적인 일본인'이 나오지 않는다. 이 점은 사소한 것처럼 보이지만, 지극히 중요한 점이라고 생각한다. 적어도 이 작품을 통해 양영희는 우리가 안이하게 발을 들여놓을 수 없는, 어떤 '통절한 것'을 그려 내고 있다.

어느 쪽이 중요하다는 말은 아니다. 우리는 어느 쪽이나 다 결여하고 있다.

자신을
내밀다

어렸을 때는 책만 들여다보고, 거기에 나오는 등장인물이 되어 공상만 했다. 초등학교 4학년인가 5학년일 때 영화 〈스타워즈〉를 상영했다. 곧장 풍덩 빠져들었다. 용돈이 없어서 영화관에서는 두 번밖에 보지 못했지만, 소설화해서 동시에 출판물로 나온 책은 종이가 너덜너덜해질 때까지 몇 번이나 읽었다. 분명 초판에서는 포스(force)가 '이력(理力)'이 아니라 '역장(力場)'이라고 번역되어 있었다고 기억한다. 그 밖에도 SF나 호러, 또는 고전적인 아동문학이나 이야기를 걸신들린 것처럼 읽었다.

그러는 사이에 여러 소설에 나오는 주인공, 또는 은하를 날아다니며 활약하는 루크 스카이워커들과 나 자신 사이에 놓여 있는 격차 때문에 고통스러워졌다. 젊은 루크도 신변의 다양한 일로 심각하게 고민한다. 하지만 그것은 만난 적 없는 자기 부모 때문이거나 자기를 길러 준 숙부나 숙모와의 관계 때문이거나 타투인이라는 변경의 고향을 떠날까 말까 하는 일 때문이다. 그것은 분명 고민할 만한 일이다.

그러나 그때 그 책을 읽고 있는 내 마음을 실제로 차지하고 있던 문제는, 좋아하는 친구들이 내가 싫어하는 놈과 사이좋게 지낸다든지, 까닭 모를 이유로 옆 반 아이에게 심술궂은 일을 당한다든지, 지금 생각해도 메슥거리며 화가 치미는 최악의 선생에게서 말도 안 되는 요구를 당한다든지, 또는 어떻게 대처하면 좋을지 전혀 이해할 수 없는 성적(性的)인 욕구를 어떻게 해야 하는지 같은 것이었다.

소설이나 영화의 등장인물들은 고민할 만한 훌륭한 고민으로 머리를 싸맸다. 또는 온 힘으로 대처할 가치가 있는 인생의 일대사와 진지하고 성실하게 맞섰다.

내가 사는 동네가 우주인의 습격을 받아 당장 불에 홀랑 타 버리려고 한다. 주인공은 스스로 희생하여 영웅적으로 맞선다.

한편, 그 무렵 초등학생인 나는 같은 반 전원이 똑같이 행동해야 하는 것이 몹시 고통스러웠고, 그래서 체육 시간을 빼먹었다. 귀갓길에 동무들에게 그 일을 질타 당하고는 반 친구들을 적으로 삼아 말싸움을 벌이는 사이에 감정이 격해진 나는 엉엉 울고 말았다. 이렇게 한심하고 꼴사나운 나날을 매일 보내고 있었다.

그런 자신의 본모습은 허드레 잡동사니 같았다. 무슨 수를 써도 머릿속에서 떨쳐 버릴 수 없는, 진정으로 하잘것없는 감정의 움직임에 스스로 휘둘리면서, 나는 극심한 피로감에 시달렸다. 집에서 기르던 개와 사이좋게 노는 시간에만 마음을 푹 놓고 편안할 수 있었다. 이렇게 멋대가리 없고 창피한 자기와 비교할 때, 루크 스카이워커의 고민이나 괴로움은 멋있기 짝이 없었다. 부럽고 부러워서 분했다.

물론 이런 소설이나 영화는 온갖 의미에서 '픽션'일 뿐이고, 따라서 그들 주인공의 '인간적인 면'은 모두 사상시키고 부자연스러울 만큼 '멋진 내면'을 만들어 냈다는 것은 이미 알고 있었다.

그렇다고 이를테면 인간의 '실존적인' 꼴 보기 싫은 모습을 묘사한 순문학이나 사소설*이라고 일컬어지는 작품을 읽어 보면, 어딘가 지근덕지근덕 끙끙거리는 모습에 기분이 나빠졌다. 대체로 우주인이나 타임머신이 나오지 않는 이야기는 어디가 재미있는지 하나도 이해할 수 없었다. 그래서 금세 읽던 책을 내팽개치고 말았다. 따라서 지금도 순수한 문학의 지식과 교양은 하나도 없다.

40대 후반이 된 지금도, 하나도 변하지 않았다.

---

* 일본 특유의 소설 형식으로 작가의 생활 체험이나 심리를 허구화하지 않고 토로하듯 쓴 소설.

자기 안에 무엇이 들어 있을까? 이런 생각을 품고 들여다본 다 한들, 자기 안에는 대단한 것은 아무것도 들어 있지 않다. 단 지 거기에는 지금까지 살아온 인생에서 긁어모은 단편적인 허 드레가 각각 연관성도 없고 필연성도 없이, 또는 의미조차 없 이, 소리 없이 굴러다닐 뿐이다.

나 자신의 성격이나 타인을 대하는 방식도 본래부터 내 안에 있었던 것은 아니다. 그것은 주변에 있는 많은 사람의 버릇이나 어법을 모방하여 조합한 것에 지나지 않는다. 중학교 때의 F군, 고등학교 때의 Y군과 N군, 그리고 누구보다도 대학 때 만난 G 군과 D군, 그들의 리듬이나 템포, 화제나 이야깃거리, 표정과 억양을 절반쯤 무의식중에 흉내 냈다. 그것의 '문법'을 체득하 고 자기 나름대로 편집해, 드디어 자기 안에 침전시키고 정착시 켜 간 것이 결과적으로 지금의 내가 되었다.

누구라도 비슷하다고 생각하지만, 내 인격도 타인의 몇몇 인 격을 모방해서 합성한 것이다.

그것에는 '무엇과도 바꿀 수 없는 것'이나 '세계에 단 하나밖 에 없는 것' 따위는 어디에도 없다. 단지 정말로 작은 조각 같은 단편적인 것이, 단지 맥락도 없이 흩어져 있을 따름이다.

이것도 또 많은 사람이 생각하고 있을 테지만, '무엇과도 바 꿀 수 없는 나 자신' 같은 듣기 좋은 말을 들었을 때 반사적으로 혐오감을 느낀다. 왜 그러냐 하면, 원래 자기 자신이라는 것이 참으로 별 볼일 없고, 대단치 않고, 아무 특별한 가치가 없다는 것을, 이미 지나간 인생 속에서 진절머리 날 만큼 깨달았기 때문일지도 모른다.

우리는 아무런 특별한 가치가 없는 자기 자신이라는 것과 지속적으로 씨름하며 살아가야 한다.

무엇과도 바꿀 수 없는 자신이라는 아름다운 말을 노래하는 노래는 됐고, '시시한 자신과 어떻게든 맞붙어 타협해야 하지, 그것이 인생이야' 하는 노래가 있다면, 꼭 듣고 싶다.

다만, 우리 인생이 시답지 않기 때문에 가능한 것이 있다.

꽤 오래된 일인데, 인터넷에서 눈에 띈 짧은 글에 감탄한 적이 있다. 이렇게 질문을 던지는 문구가 있었다. 돈보다 중요한 것은 없다. 있다면 가르쳐 달라. 이 물음에 대해 이런 대답이 있었다. 돈보다 중요한 것이 없다면, 그것으로 아무것도 살 수 없겠지.

오오, 이것이 '논파'란 것이로구나 싶었다.

우리 인생이 만약 무엇보다도 소중한, 그 무엇과도 바꿀 수 없는 것이 있다면, 그것을 버리는 일이 불가능해진다. 인생을 버리는 사람이 한 사람도 없는 세계는 어떠한 세계인가 하면, 그것은 학교를 졸업한 사람이 전부 안정된 지위를 얻기 위해 공무원 시험을 치는 세계다. 공무원 분들에게는 대단히 실례가 되는 말이지만.

꽤 오래된 일인데, 이런 일이 있었다. 어떤 남학생이 대학을 그만두고 싶다고 했다. 우리 대학에서 중퇴할 때는 그전에 교수와 상담하게 되어 있다(이 규칙에 얼마만큼의 의미가 있는지는 모른다). 사무처의 연락을 받고, 내가 그 학생과 상담을 하게 되었다.

그는 매우 성실하고, 과묵하고, 어른스러운 타입이었다. 사람 앞에 나서기보다는 언제나 한 발 뒤로 물러서 있는 분위기를 띤 학생이었다.

"힘들여 대학에 들어왔는데 왜 중퇴를 하려고 하니? 아깝잖아." 이렇게 물으니까 그는 이렇게 대답했다. "난 미국에서 록스타가 될 겁니다. 그러기 위해 기타를 연습하고 싶어요. 그러기 위해 미국의 할리우드에 있는 음악 전문학교에 들어가고 싶어요. 그러기 위해 영어를 공부해야 해요. 그러기 위해 영어 회화 교실에 다니고 싶어요. 그러기 위해 아르바이트를 해야 해요."

얌전해 보이는 외모와 과격한 (그리고 웅대한) 주장 사이의 격차를 웃어넘기려면 얼마든지 웃어넘길 수 있다. 그러나 난 진심으로 그를 응원하고 싶었다. 음악의 재능은 외모와는 무관하고, 따라서 그가 말하는 대로 그만의 길을 걸을 가능성이 완전히 제로는 아니기 때문이다.

그의 선택은 보통 사람의 감각으로 보자면, 터무니없이 불리한 선택이다. 나도 물론 교수로서 오늘날의 일본에서 대학에서 낙오하는 것이 얼마나 불리한지를 끈기 있게 설명했다. 그러나 그의 결심은 변하지 않았다. 그리고 그는, 그뿐만 아니라 우리 모두는, 그러한 선택을 할 자유가 있다.

그는 확실히 무언가가 되려고 했다. 그다지 친구가 많아 보이지도 않았고, 아마도 대학 생활에 아무 즐거움도 찾지 못하는 것 같았다. '대학이 이런 곳이라면 나가겠다, 나가서 어딘가 완전히 딴판인 곳에서, 더 나은 자신이 되겠다.' 이렇게 생각했을 것이다.

무언가 되려고 하는 것은 분명히 간단한 일은 아니다. 그 가능성은 한없이 제로에 가깝다. 그러나 아무리 가능성이 아주아주 적다고 해도, 처음부터 무언가 되고자 하지 않는다면, 무언가 되기는 불가능하다. 무언가 될 수 있는지 없는지는, 무언가 되려고 할 때에는 아직 결정되지 않는다. 무언가 되려고 하기 전에 될 수 있는지 없는지를 알 도리는 없다. 그것은 도박이다.

도박에 이겼을 때 손에 넣는 것은 '무언가 될 수 있었던 인생'이다. 그리고 졌을 때 내밀어지는 것은 '아무것도 될 수 없었던 인생' 자체다.

만약 이때 인생 자체가 터무니없이 훌륭한, 더할 나위 없이 가치가 있는, 정말로 무엇과도 바꿀 수 없는 것이었다면, 어떻게 될까? 누구나 그것을 스스로 버리려고 하지는 않을 것이다.

되풀이하지만, 여기에서 나는 누구나 자기실현의 가능성이 있다든가 누구나 꿈을 이룰 수 있다는 말을 적고 있는 것은 결코 아니다.

오히려 우리 인생은 몇 번이나 기술한 것처럼, 아무것도 되지 못하고 단지 시간만 흘러가는 듯한, 그런 인생이다. 우리 대다수는 배신당한 인생을 살고 있다. 우리 자신이라는 것은 태반이 '이럴 리 없었던' 자신이다.

곰곰이 생각하면, 무난한 인생, 안정된 인생이 제일 좋다는 것은 말할 필요도 없다. 그러니까 그런 길을 선택하는 것은 좋은 선택이다. 그러나 졌을 때는 자기 자신을 다 내주어야 하는 내기를 거는 사람도 숱하게 많다. 그것은 그것대로, 하나의 선택이다.

어느 쪽이 좋다는 말을 하는 것이 아니다. 단지 우리는 자신의 의사나 의도를 뛰어넘어 때로 그런 내기를 할 때가 있다.

대학을 졸업했을 때, 그때까지 살아온 세계와 완전히 다른 곳에 가고 싶었다. 그래서 건축 현장의 일용 노동자 세계에 뛰어들었다. 처음 함바에 갔을 때 느낀 공포와 긴장감이 아직도 생생하다. 그때까지 살아온, 익숙하고 안전한 세계에서 억지로 끌려 내려온 듯 가슴이 철렁하고 아팠다. 이렇게 된 이상 되돌아갈 수 없다. 여기까지 왔다면 적어도 오늘 하루만은 이 거친 사람들과, 이 더럽고 위태위태한 곳에서, 힘든 일을 하며 시간을 보내야 한다는 것을, 소름끼칠 만큼 실감했다. 그것은 마치 어둡고 차가운 바다 밑으로 끌려 내려가는 것 같은 감각이었다.

동시에 이상한 이야기지만, 얼토당토않은 자유를 느꼈다. 결국 나는 일용 노동자의 현장 노동을 그로부터 4년 동안이나 하게 되었다. 그런 삶을 살아가는 사람들 눈으로 보자면 한 줌밖에 안 되는 시간에 불과하지만, 그럼에도 그 경험은 내 인생을 바꾸어 버렸다.

이 이야기는 이것으로 끝내겠다. 아니 한 가지만, 보족이라고 하기에도 뭣하고, 이 말을 한다고 해서 누군가를 구제하게 되는 것도 아니지만, 그래도 한 가지만 써 두고 싶은 것이 있다.

'좋은 사회'를 측정하는 기준은 수없이 많겠지만, 그중 하나는 '문화 생산이 활발한 사회'라고 해도 틀리지 않을 것이다. 음악, 문학, 영화, 만화 등 여러 장르에서 무시무시한 작품을 산출하는 '천재'가 많은 사회는 그것이 적은 사회보다 좋은 사회임에 틀림없다.

그렇다면 '천재'가 많이 태어나는 사회란 어떤 사회일까? 그것은 자신의 인생을 내던지는 일이 터무니없이 많이 일어나는 사회다.

데즈카 오사무 한 사람은 몇 백만 명에 달하는, 안정적이고 확실한 길을 버리고 만화의 세계로 자신의 인생을 바치는 사람이 있었기에 비로소 태어난 것이다.

따라서 인생을 버리고 무언가에 도박을 거는 사람이 많으면 많을수록 그 속에서 '천재'가 나올 확률은 높아진다.

물론 그렇다고 해서 그 가운데 패하고 스러져 간 수백만 명의 인생은 아무런 의미가 없다고 말하려는 것이 아니다. 패배하면 아무것도 손에 넣지 못하는 것이 인생이다. 만약 우리가 자신의 인생을 버렸는데도 아무것도 될 수 없었을 때, 단 한 사람의 '천재'를 낳기 위해 그 일이 필요했다는 말을 듣는다 해도, 도저히 이해하거나 납득할 수 없을 것이다.

하지만 언제나 내 머리 한구석을 차지하는 생각이 있다. 우리의 무의미한 인생이 자기는 전혀 알 수 없는 어딘가 멀고 높은 곳에서, 누군가에게 의미가 있을지도 모른다는 것이다.

바다의
저편에서

때때로 강의에서 의존증이나 기벽(嗜癖)*,
또는 피라미드식 판매 방식이나 컬트 종교를 문제 삼는다. 그럴 때 언제나 학생들에게 물어본다. 친한 친구가 병적일 만큼 파친코에 빠져 있다면 어떻게 하면 좋겠느냐고. 친구나 연인이 아무래도 수상쩍은 컬트 종교에 빠져들었다면?

사회 문제에 관심을 갖고 강의에 들어온 학생이라도, 사이좋은 상대에 대해서는 아무 말도 하지 않는다고 대답하는 사람이 대부분이다. 본인이 좋으면 그것으로 그만이지 않느냐고 한다. '상대방의 마음에 들어가면 안 된다'는 우리의 매너는, 아주 강력하게 작동하고 있다.

그런데 실제로는 같은 강의를 듣는 여자애 중에 폭력을 휘두르는 남자와 헤어지지 못하는 사람이 있었을 때는, 모두 달려들어 헤어지라고 설득하기도 하고, 꽤 적극적으로 서로 편들며 참견을 하고 있는 듯했다.

---

* 한쪽에 치우쳐서 즐기는 버릇.

여하튼 상대의 마음이나 의사를 존중한다는 규범, 상대의 영역을 침범하지 않는다는 규범은 정말로 강력하게 우리 행동을 규제하고 있다. 전철 안에서 곤란한 처지에 놓인 사람을 당장 도와줄 수 있는가? 이런 이야기를 하고 있을 때에도 가장 많은 의견은, '괜히 손을 내밀어 도와주려는 행동이 상대에게 폐가 되면 안 되기 때문에 우선 잠자코 돌아가는 형편을 살피겠다'는 것이었다. 이것도 눈앞에 가까이 있는 사람에게 개입하지 않는다는 규범의 변종이라고 생각한다.

우리는 먼 사람에게 냉혹하고, 가까운 사람에게 약하다. 내게서 먼 곳에 있는, 낯모르는 노숙자가 공원에서 자고 있으면, '이크, 무서운데' 하고, 얼굴도 모르는 외국인이 생활 보호 수당을 받는다는 말을 들으면, 어쩐지 손해 보는 기분이 든다. 한편, 가까운 곳에 있는 친구나 가족이 나쁜 일에 손을 대거나 어리석은 선택을 계속해도, 좀처럼 그만두게 못한다. '본인이 좋으면 그것으로 그만이다' 등등 여러 가지 구실을 붙여, 가까운 곳에 있는 어리석은 사람들에게는 친절하게 대한다. 가까운 사람들에게 상냥하게 대하는 일은 무척 쉽다. 단, 그것은 귀찮은 일을 피하는 것에 지나지 않을 때가 많지만.

'본인이 좋으면 그것으로 그만이다'라는 것은 일종의 상냥함이다. 우리도 우리가 좋아하는 것에 대해 쓸데없는 말을 듣고 싶지는 않다.

하지만 '본인이 좋으면 그것으로 그만이다', '본인의 의사를 존중한다'는 논리가 당사자를 먹잇감으로 삼을 때 이용되는 경우가 있다.

몇 년 전인가 섭식 장애에 대해 공부하고 있을 때인데, 여러 학회나 이벤트에 참석해 보면 행사장 로비에 사이비 의학 관련 업자 부스가 대량 설치되어 있어서 놀란 적이 있다. 어느 업자는 100만 엔이나 하는 오르골을 팔고 있었다. 그 오르골을 들으면 과음증이나 거식증이 다 낫는다고 한다. 심포지엄의 운영 위원회에는 자유 진료*나 혼합 진료**를 강력하게 호소하는 의사도 참가하고 있었다.

대부분은 본인이 아니라 부모를 겨냥했다. 증세가 심하면 당사자는 일을 할 수 없다. 업자들은 그런 자식을 걱정하는 부모에게 팔아먹고 있었다. 자식의 증세가 낫기만 한다면 '100만 엔쯤이야 까짓것' 하는 부모도 많이 있을 것이다.

그렇게까지 심한 예는 아니라도, 이런 정신적(mental) 영역의 치료가 아로마나 요가와 한 묶음이 되어 있는 예는 얼마든지 있

---

* 보험이 적용되지 않아 치료비를 환자 본인이 부담하는 진료. 특히 국가가 승인하지 않는 항암제 등 고액의 치료비가 드는 경우.
** 보험 진료와 자유 진료의 병용을 가리킨다.

다. 그런 분야에는 나도 딱히 거부감이 없지만, 그래도 전체적으로는 의사가 묵인하는 가운데 '의료가 아닌 것'이 많이 섞여 있다. 개중에는 속임수라고 여겨지는 것도 있다. 또한 전체적으로는 '본인이 좋다고 한다면', '본인이 원한다면'이라는 논리로 외부의 판단이나 개입을 배제하고 있는 구조가 있었다. 이것이 바로 '본인이 좋으면 그것으로 그만이다'라는 논리에 바탕을 둔 지배의 구조라고 생각한다.

그러나 확실히 당사자 본인의 의사는 최대한 존중해야 할 것이다.

이 지점에서 나는 언제나 목소리가 기어 들어간다.

이를테면 포르노그래피나 성 노동을 둘러싼 논의가 그렇다. 본인이 '진심으로' 원해서, 기꺼이 그 일을 하고 있을 때, 그것의 어디가, 어떤 의미에서, '문제'가 될까?

물론 포르노그래피나 성 노동을 둘러싸고는 본인의 의사였느냐 강제적이냐 하는 문제는 최대의 쟁점 중 하나이기는 하다. 그럼에도 그것은 그 문제의 전부가 아니다. 비록 본인이 바란 것이라고 해도, 우리는 그런 일자리에서 일어나는 다양한 문제에 대해 비판이나 개입을 할 수 있을 뿐 아니라 그런 일은 필요하다.

그러나 그때, '내가 있을 곳을 빼앗겼다'고 생각하는 여성도 있다.

몇 년 전에 거식증의 AV 여배우가 인터넷에서 화제에 오른 일이 있다. 나는 커버 사진을 보았을 뿐이다. 거기에는 병적으로 마른 여성의 성행위 사진이 실려 있었다. 남성의 성욕에는 여러 가지 형태가 있구나 하고 놀랐다.

그 여성이 어떤 삶을 살았고, 어떤 경로를 거쳐 그런 일을 선택했는지는 모른다. 그러나 그런 자리에서 보살핌을 받고, 친절한 대우를 받고, 그래서 그곳이 있을 곳이 되어 가는 상황은 충분히 있을 수 있다고 본다.

멋대로 상상한 것이지만, 그녀는 세상의 양식이나 상식의 개입을 거부할 것이다. 그것은 그녀가 있을 곳을 빼앗는 것밖에 되지 않을 것이다.

섭식 장애의 자활 그룹에도 몇 번인가 얼굴을 내밀었다. 다양한 여성이 있었다. 소수지만 남성도 있었다. 어떤 여성은 죽은 고양이를 공원에 묻고, 며칠마다 파내서는 시체가 부패하는 과정을 줄곧 지켜보았다고 한다. 다른 여성은 면도칼로 손목을 베는 증상이 더쳐서 두 손 두 발의 손톱을 스스로 펜치로 뽑았다. 그녀는 겨우 자라난 손톱에 새파란 매니큐어를 칠하고, 기쁜 듯 내게 보여 주었다. 나는 "우와, 예쁘네요" 하고 말했다.

스스로 손톱 발톱을 뽑는 여성을 향해 그런 짓은 그만두라고 말하는 것은 간단하다. 그러나 그 말에 무슨 의미가 있을까? 그녀의 파랗고 조그마한 손톱을 보고, '예쁘네요' 하고 말하는 것 말고, 우리에게 무언가 할 수 있는 일이 있을까?

본인의 의사를 존중한다는 형태를 취하는 착취가 있다. 그리고 본인을 걱정한다는 식으로 억지로 책임을 떠맡기는 듯한 개입이 있다.

우리는 신이 아니다. 우리가 양손에 들고 있다고 생각하는 올바름은 어디까지나 자신의 입장에서 본 올바름이다. 이것이 타자에게도 통용된다고 생각하는 것은 착각이다. 우리가 보기에는 속임수로밖에 보이지 않는 사이비 의학에 빠져 있다고 해도, 그것은 그 사람에게 '정말로' 필요한 것일지도 모른다. 제멋대로 우리 관점에서 보았을 때, 도저히 이루 말할 수 없는 비참한 상황에 놓여 있는 것으로 여겨지는 사람이라도, 그 상황은 그 사람에게 '진정한' 자기 자리일지도 모른다.

이러할 때 단편적이고 주관적인 올바름을 휘두르는 것은 폭력이다.

그런데 우리가 걱정해야 하는 것은, 신이 되었을 때 어떻게 행동할까 하는 것이 아닐까? 우리가 절대로 신이 될 수 없다고 한다면, 신과 같은 폭력을 휘두르는 것도 불가능한 것이 아닐까?

물론 신이 아닌 인간으로서, 우리는 심한 폭력을 휘두를 수 있다.

또는 기도를 할 수도 있다.

다 죽어 기는 새끼 고양이를 주운 적이 있다. 질척한 흙이 묻어 더럽고 피투성이였다. 머리에 나 있는 구멍이 턱까지 관통해 있었다. 까마귀인지, 사람인지, 누구에게 무슨 짓을 당했는지 알 수 없지만, 그런 일을 당하고도 잘도 살아 있구나 싶었다. 우선 동물 병원에 데리고 가서 항생제 주사를 맞혔다. 집에 데려와 목욕탕에서 피와 흙을 씻어 냈다. 먼저 살고 있던 고양이가 있었기 때문에 새끼 고양이는 우선 내 서재에 가두어 두고 보살펴 주기로 했다. 상처 때문인지 언제나 고개를 외로 꼬고 있었다. 나중에 수의사에게 물었더니 한쪽 청력을 잃었을지도 모른다고 했다.

주워 오기는 했지만 과연 목숨을 보전할지도 알 수 없고, 목숨을 구한다고 해도 입양해 줄 곳이 있는 것도 아니다.

눈 깜짝할 새에 새끼 고양이는 건강을 되찾고 체력을 회복했다. 활기차게 내 기타를 긁으며 장난을 쳤다. 입양자도 정해져 무사히 건네주었다. 나는 예전처럼 기르던 고양이와 지내는 생활로 돌아왔다.

얼마간 시간이 지나 입양해 간 사람이 새끼 고양이 사진을 보내왔다. 놀랄 만큼 아름답고 새하얀 고놈은 우아한 고양이로 성장해 있었다.

매일같이 도축한 동물의 고기를 맛있다, 맛있다 하면서 먹고 있는 주제에 어째서 언제나 새끼 고양이를 주워 오는지 알 수 없다. 그것이 과연 새끼 고양이를 위한 일인지 어떤지도 알 수 없다.

난 돌고래 사냥이나 고래잡이를 반대한다.

매일같이 소나 돼지의 고기를 먹고 있으면서 돌고래나 고래를 죽이는 데 반대한다는 것은 앞뒤 논리가 맞지 않는다. 나는 소나 돼지는 아무리 죽여도 상관없다는 말을 하는 것이 아니다.

비록 소나 돼지를 먹고 있다 해도 돌고래나 고래를 죽이는 데 '반대를 표명하는' 것은 가능하다. 오늘날 같은 시대에 그런 고기는 아무도 먹지 않는다. 더구나 고래 고기의 경우는 재고도 남아도는 듯하니, 일부러 죽이지 않아도 된다고 생각한다.

이것은 분명 완벽한 논리가 아니다. 그래도 우리는 이것이 불완전한 의견이라는 것을 이해하면서, 그럼에도 자신의 의견을 표명할 권리가 있다.

그리고 물론 그것은 비판을 받게 된다.

물론 그것은 예를 들어 외국인은 일본에서 떠나라든가 생활 보호 수당을 폐지하라는 그런 의견에 대해서도 똑같이 말할 수 있다. 각자 의견을 표명할 권리가 있다.
그리고 그것은 우리의 의견과 마찬가지로 비판 받는 것을 가로막기란 불가능하다.

만약 눈앞에 신이 나타난다면, 제발 우리를 그냥 내버려 두세요, 제발 우리에게 개입하지 마세요, 이렇게 부탁하겠다.
그러나 신이 아닌 우리는 각각 협소하고 불완전한 자신이라는 우리에 갇혀 있는 단편적인 존재에 지나지 않는다.
우리는 자잘한 단편이기 때문에 자신이 생각하는 올바름을 기술할 '권리'가 있다. 그것은 어딘가 '기도'와도 닮아 있다. 그 올바름이 가닿을 수 있는지 없는지는 스스로 결정할 수 없다. 우리가 할 수 있는 일은, 병 속에 종잇조각을 넣고 마개를 막아 바다로 흘려보내는 것뿐이다. 그것이 어디의 누구에게 닿을지, 아니면 누구에게도 닿지 않을지는 스스로 어떻게 해 볼 도리가 없는 일이다.
에밀 뒤르켐(Émile Durkheim)은 우리가 '신'이라고 생각하고 있는 것은 실은 '사회'라고 말했다.

기도가 가닿을지 아닐지는 '사회'가 정한다.

재액을 가져다주는 나쁜 신도 있다. 그와 마찬가지로 사회 자체가 자기 자신의 파멸을 향해 돌진하는 일도 있다. 신도 사회도 잘못을 저지를 때가 있다.

우리는 우리의 언어나 우리가 생각하고 있는 올바름이나 좋은 것, 아름다운 것이 제발 누군가에게 가닿기를 기원한다. 사회가 그것을 들어줄지 어떨지는 알 수 없다. 그러나 우리는 사회를 향해 언어를 계속 던지는 수밖에 없다. 그것밖에는, 할 수 있는 일이 없다.

또는 적어도 그것만큼은 할 수 있다.

어슐러 K. 르 귄의 「멋진 알렉산더와 날고양이 친구들 (Wonderful Alexander and the Catwings)」은 나한테는 무척이나 소중한 이야기다. 날개가 돋은, 하늘을 나는 고양이가 나오는 '날고양이 시리즈(Tales of the Catwings)' 가운데 한 편이다.

말괄량이에 철이 없는 보통 고양이 알렉산더는 작은 '날고양이'와 친구가 된다. 그녀는 하늘을 날 수는 있지만 어떤 일이 원인이 되어 말을 할 수 없다. 말이 나오지 않는 것이다.

알렉산더는 그래서 그녀에게 아주 주제넘은 '참견'을 한다.

난 이 이야기를 무척 좋아한다. 이 이야기로 구원받았다고 해도 좋다. 그러나 읽는 사람에 따라서는 알렉산더가 한 일은 타자의 내면에 쓸데없이 개입한 것뿐일지도 모른다.

다만, 그래도 모르겠다. 대부분의 폭력이 '선의'라는 이름 아래 행해지기 때문이다. 단지 결과적으로 좋았던 것을 좋았다고 하고, 결과적으로 나빴던 것을 나빴다고 하는 식으로, 사후적으로 알고 있을 뿐인지도 모른다.

'자기 자신'이라는 것이 총제적으로(totally) 잘못했을 가능성도 있다.

좀비 영화에는 이런 장면이 자주 나온다. 자신도 좀비에게 물려 버린 사람이 아직 제정신이 남아 있는 동안 동료에게 부탁한다. 내가 좀비가 되거든 쏘아 죽여 달라고.

우리는 모두 좀비가 되면 죽여 달라고 부탁할 것이다. 하지만 좀비가 된 뒤에는 이와 똑같은 말을 할 수 없다.

가끔씩 보통 사람이었던 지인이나 친구가 갑자기 한국이나 중국을 지독하게 매도하기 시작할 때가 있다. 누구도 그런 이야기를 하지 않고 있는데도 과거의 전쟁은 잘못이 아니라고 말할 때가 있다.

그럴 때 오싹한 공포를 느낀다. 하지만 언제나 생각하는 것은, 저쪽에서 보자면 우리도 똑같이 보일 것이라는 점이다. 그리고 나아가 '정말로 그럴지도 모를 가능성'에 대해서도 생각한다. 다시 말해 '실제로' 지금 살아 있는 나라는 존재가 밑바닥부터 잘못되어 있을지도 모른다.

입을 다물고 있는 편이 좋을까?

마지막으로 남는 것은 무엇일까? 우리가 할 수 있는 일은 사회를 향해 기도하는 일뿐일까?

우리에게는 '이것만은 좋은 것'이라고 확실하게 말할 수 있는 것이 아무것도 남아 있지 않다. 우리에게 가능한 것은 사회를 향해 기도하는 것까지다. 우리가 사회를 믿는 일은 불가능하다. 사회는 너무나도 폭력과 잘못으로 가득 차 있다.

우리는 각자 단편적이고 불충분한 자기 안에 갇혀 있다. 자기가 느끼는 것이 정말로 옳은지 어떤지 확신을 갖지 못한 채, 타자나 사회에 대해 개입한다. 그것이 가닿을지 아닐지는 알지 못하는 채, 끝도 없이 병에 담긴 언어를 바다로 흘려보낸다.

그리고 가끔, 바다 저 건너편에서, 성장한 아름다운 하얀 고양이 사진이나 「멋진 알렉산더와 날고양이 친구들」이라는 책이 도착하는 경우가 있다.

그래서 어쨌다는 말은 아니지만, 그래도 그런 일이 있다고 말할 수는 있다.

시계를
버리고

개와
약속하다

어릴 적 혼자서 '숫자를 쓰지 않고 수를 이미지화할 수 있을까'라는 놀이를 했다. '1'이라든가 '2'라든가, '一'이라든기 '二'라는 기호, 또는 '일'이라든가 '이'라는 음을 머릿속에서 따돌리고는, 그런 기호나 소리를 사용하지 않고 '1'이나 '2'라는 수를 직접 이미지화할 수 있을까? 그런 놀이를 계속했던 기억이 있다. 숫자나 소리를 사용하지 않고도, 사과나 귤이 그 수만큼 놓여 있는 정경이 멋대로 떠올랐다. 결국은 언제나 실패했지만.

또는 어떤 악기에서 나오는 소리가 아닌, '도'나 '레'나 '미'라는 음정을 이미지화할 수 있을까? 인간이 연주한 음도 아니고, 기계에서 합성한 음도 아닌, 순수한 음정 그 자체.

또는 하얀 벽을 언제까지나 응시하고, 그 '하양'을 보려고 했다. 눈에 비치는 '하얀 벽지'가 아니라 '하얗다'는 색 그 자체, 그 색이 담고 있는 물질의 질량을 모두 배제하고, 그 표면의 색 그 자체를 얼마나 '볼' 수 있을까? 그런 놀이를 하고 있었다.

아무것도 해석하지 않고, 단지 그 자체를 알고 싶다고 생각한다. 그것은 음이나 색 같은 추상적인 것만은 아니다.

　초등학교 1학년부터 줄곧, 미니어처슈나우저 한 마리를 길렀다. 집 안에서는 이 개가 유일한 놀이 상대였다. 그리고 이 개는 내가 대학 1학년 때 죽었다.

　죽기 직전, 약 1개월에 걸쳐, 나 혼자 한시도 떨어지지 않고 간병했다. 사정이 있어, 그동안 본가에 아무도 없었던 것이다. 그래서 그동안은 나와 개, 둘이서만 지냈다.

　전신에 암이 퍼져서 자리보전한 채 움직일 수 없어진 개의 입 사이로, 하다못해 수분과 영양분이라도 넣어 주자는 마음으로, 작은 숟갈로 우유를 흘려 넣어 주었다. 이미 배설도 못하는 상태였다. 입속으로 흘려 넣어 준 우유를 날름날름 핥았다.

　어느 날 잠시 볼일이 있어 30분쯤 밖에 나갔다 들어왔는데 그 사이에 개가 죽었다. 아무것도 모르고 집에 돌아와 현관문을 연 순간, 선뜻하고 고요해진 느낌을 받고 개가 죽었다는 것을 금방 알았다. 살아 있을 때에도 이미 소리를 내지도 못했고, 움직이지도 못했다. 하지만 그때는 소리도 나지 않았을 뿐 아니라 조용하다고 하는 상태보다 더 조용했다.

　개를 안고 얼굴을 들여다보니 죽기 전에 살짝 토한 것 같았다. 입가가 약간 지저분했다. 난 곧장 뼈만 남은 수척해진 개와 함께 목욕탕에 들어갔다. 난 큰소리로 울면서 벌거벗은 상태로 시체를 품고 목욕물에 담가 샴푸와 린스를 했다. 목욕탕을 나와 수건으로 닦고 정성스레 드라이어로 말려 주었다. 그랬더니 아직 살아 있는 것처럼 털이 보송보송해졌다. 그러는 사이에 몸은 조금씩 식었고 딱딱해져 갔다.

개의 임종을 지켜 주지 못했다는 것을 언제나 마음에 두고 있었다. 어떤 사람이 말하기를, "당신에게 임종을 보여 주고 싶지 않았기 때문에 당신이 외출했을 때 먼저 세상을 떠난 것입니다"라고 말했다. 나는 화를 내며 부정했다.

"개는 그런 생각을 하지 않습니다. 개는 주인에게 마음을 쓰지 않습니다. 단지 혼자서 죽었을 뿐입니다. 다만, 죽는 순간에 함께 있어 주고 싶었을 뿐입니다.…" 25년 이상이 지난 지금까지도 나는 그렇게 생각한다.

개가 나를 '위해' 혼자서 죽었다고 생각하는 것, 즉 나를 '생각해서' 내가 '슬퍼하지 않도록' 혼자 있을 때 죽었다고 생각하는 것은, 내가 그 자리에 있어 주지 못했다는 것을 정당화하고 그 죄를 용서해 준다. 그것은 분명 위안이 되어 줄 것 같은 생각이다. 그러나 그것은 그저 한때의 위안에 지나지 않는다. 그러한 안이한 위안에 매달리는 것은 혼자서 죽은 개의 고독이나 어릴 적부터 품은 개에 대한 나의 애정을 통째로 허무하게 만들어 버린다. 그때 나는 그렇게밖에 생각할 수 없었다.

우리는 무언가를 의인화하는 것을 좋아한다. 그것은 아마도 우리를 둘러싸고 있는 세계와 '이어져 있다'는 기분을 안겨 주기 때문일 것이다. 세계라는 것이 우리의 언어가 전혀 통하지 않는 것이라면, 그것은 터무니없이 고독하다.

며칠 전 부서져 버린 시계를 버렸다. 그때 하다못해 전지만은 빼고 버려야겠다고 생각했지만, 전지 넣는 곳의 뚜껑도 부서졌기 때문에 할 수 없이 전지를 넣은 채 버렸다. 비록 부서졌지만 착실하게 째깍째깍 초를 세고 있는 시계를 버릴 때, 어렴풋이 살아 있는 동물을 버리는 것 같은 기분이 들었다.

그것은 쓰레기통 안에서도 성실하게 시간을 새기고 있을 것이다. 쓰레기를 버리는 화요일이 되면, 그것은 쓰레기봉투 안으로 던져질 것이다. 이윽고 청소차가 그것을 회수하러 올 것이다. 그때에도 그것은 아무것도 모르고 계속 시간을 새기고 있을 것이다. 차가 소각로에 도착하면, 다른 대량의 쓰레기와 함께 그것은 불구덩이 속으로 던져질 것이다.

그것은 언제까지 움직이고 있을까? 소각로의 고온 화염에 태워져 결국 죽어 버릴 때 아픔을 느낄까?

나는 그 시계를 쓰레기통에 던져 넣는 아주 짧은 한순간에 그런 일을 상상하고, 미약하게 가슴이 아팠다. 그때 나와 시계는 무언가 가느다란 실로 이어졌던 것이다.

그러나 말할 나위도 없이 이것은 실없는 소리다. 시계는 아픔

을 느끼지 않으며, 그것이 움직이고 있다고 해서 살아 있는 것
도 아니다. 따라서 그것은 죽지 않는다.

　나와 시계 사이에는 나의 일방적인 상상 말고는 그 어떤 이어
짐도 존재하지 않는다.

　나는 미니어처슈나우저를 진심으로 사랑했고 지금도 사랑하
고 있다. 또한 개도 나를 진심으로 사랑했다. 그러나 개가 특별
히 나를 배려했기 때문에 내가 없는 동안 일부러 죽은 것은 아
니다. 개는 그때 그냥 죽은 것이다. 그리고 죽어 버린 개는 이제
세상 어디에도 없다. 나는 개의 냄새, 소리, 동작, 무게, 감촉을
확실하게 기억하고 있지만, 개는 더 이상 나를 기억하지 못할
것이다. 개에게 나는 더 이상 존재조차 하지 않기 때문에.

　우리 인생에는 결여되어 있는 것이 적지 않다. 우리는 대단한
천재도 아니고, 부자도 아니며, 완전한 육체도 아니다. 보잘것
없는 자신과 죽을 때까지 함께 지내야 한다.
　우리는 우리가 놓인 이 처지를 어떤 벌을 받았다거나 누구의
탓이라고 생각해 버리는 경우가 있다. 그러나 말할 필요도 없이
자신이 자신으로 태어났다는 것은 어떤 벌을 받는 것도 아니고
누구의 탓도 아니다. 그것은 단지 무의미한 우연이다. 그리고
우리는 무의미한 우연으로 인해 선천적으로 타고난 자신으로

존재하다가 죽어 가는 수밖에 없다. 다른 인생을 선택하기는 불가능하다.

여기에는 어떤 의미도 없다.

우리는 우리 주위의 세계와 대화할 수 없다. 모든 사물의 존재에 의미는 없다. 그리고 우리가 빠져 있는 상황에도 특별히 그럴듯한 의미가 있는 것은 아니다.

애당초 우리가 각자 '바로 나 자신'이라는 것에도 아무런 의미가 없다. 우리는 단지 무의미한 우연으로 이 시대, 이 나라, 이 동네, 나 자신으로 태어나고 말았다. 이렇게 된 이상, 이대로 죽는 수밖에 없다.

재즈에도, 보사노바에도, 엔카에도 좋아하는 노래가 있다. 그것을 남에게 들려줄 때, 다른 것 없이 노래만 들려주어야 한다는 것은 당연하기도 하지만, 매우 흥미로운 일이다.

예를 들어 우리는 그 노래를 언어로 표현할 수 없다. 언어로 그 노래의 특징이나 느낌을 그려 낼 수는 있지만, 그 문자열을 보았을 때 그 노래 자체가 실제로 귀로 들리는 것 같은, 그러한 글을 쓰기는 절대로 불가능하다.

어린아이였을 때, 내 방에 동그란 작은 돌이나 유리 조각이나 사각 자석이나 반짝반짝 빛나는 금속 조각 등 '예쁜 것'을 모아 놓고는, 짬이 있을 때마다 그것을 손바닥에 올려놓고 언제까지나 바라보고 있었다. 그때 내가 한 일은 그것들을 의인화해서 언어로 대화하는 것은 아니었다. 나는 그것을 마냥 보고 있었다.

나와 미니어처슈나우저 사이에는 언어에 의거하지 않은 강렬한 사랑이 있었다. 개의 눈길이나 귀의 움직임, 코를 킁킁거리는 방식을 통해 나는 모든 것을 받아들일 수 있었다.

내가 돌멩이나 유리나 개로부터 배운 바는 잠자코 곁에 있는 것이었다.

그런데 이런 일도 있다.

근처에 귀여운 미니어처슈나우저가 있는 카페가 있다. 귀여워 죽겠어서 때로 찾아간다. 그 개는 이미 친구처럼 되었다.

가게 주인에게 물어보았더니, 그곳에서 기르고 있는 미니어처슈나우저는 벌써 4대째라고 한다. 맨 처음 길렀던 미니어처슈나우저의 증손자에 해당한다. 그리고 그 가게에 맨 처음 미니어처슈나우저가 온 것은 지금으로부터 30년 전쯤 된 옛날이라고 한다. 그것은 일본에 처음으로 온 미니어처슈나우저 일족 가운데 하나였을 것이다.

그리고 우리 집에서 길렀던 미니어처슈나우저도 일본에 처음으로 온 일족 가운데 하나였다. 내가 들은 바로는 그렇다.

물론 개를 팔려고 동원한 판매 문구였을 가능성도 있다. 그러나 이 근처의 미니어처슈나우저는 그해 여름에 죽은 내 친구의 친척일지도 모른다. 사실 관계는 아무도 모른다. 그러나 나는 그 개를 만나러 갈 때마다 내 개를 떠올린다. 그리고 내 개는 지금쯤 잘 지내고 있을까 하고 생각한다.

어느 날 저녁에 요도가와 하천을 산책했다. 할머니 한 분이 시바견(柴犬)을 산책시키고 있었다. 할머니는 앉으라는 명령에 따라 앉아 있는 개를 정면으로 바라보고 쭈그리고 앉았다. 그리고 두 손으로 개의 얼굴을 잡고, "안 돼! 약속했잖아! 집을 나올 때 안 그러겠다고 약속했지? 약속을 안 지키면 못써!" 하며 개에게 설교했다.

시바견은 두 손으로 얼굴을 쓰다듬는 것이 싫은 듯했다.

개와 약속을 다짐하는 할머니는 개를 의인화하고 있다기보다는 사람과 개의 구별이 없어진 경지라고 생각한다. 그것은 의인화보다 더욱 자연스러운 상태다. 오히려 할머니는 사람과 사람 아닌 것을 구별하지 않는 사람이라고 생각한다. 집 안에서도, 집 밖에서도, 화분, 인형, 텔레비전, 부엌, 개, 고양이, 사람, 집, 전철 등 모든 것이 평등하게 살고 있을 것이다.

그런 인생의 모습, 그것은 그것대로 매우 좋은 것이다.

이야기의
조각

친구에게서 들은 이야기.

그녀는 10년쯤 전에 어떤 현(県)의 한센병 환자를 위한 요양 시설에 견학을 갔는데, 그곳에서 그림 한 장을 보았다.

한센병이나 요양 시설에 대해 이 지면에서 자세히 기술할 수는 없다. 현재에는 강제적인 격리나 '단종' 같은 처치는 없어졌다. 그곳에서는 입소해 있는 고령의 한센병자들이 여생을 조용히 보내고 있다.

요양 시설을 견학했을 때 로비에 걸려 있는 많은 그림을 보았다. 입소자가 그린 그림이었다. 그 가운데 여성의 누드를 그린 그림이 몇 점 걸려 있었다. 다들 긴 머리의 여성인데, 반대편을 보고 있기 때문에 얼굴은 그려져 있지 않았다. 다만, 젖가슴이 선명한 핑크색으로 칠해져 있었다.

그 그림을 그린 이는 당시 70대인 남성 입소자였다. 이야기를 들어 보니, 그 나체의 여성은 그가 열다섯 때 딱 한 번 만난 적이 있는 여성이었다.

10대에 강제적으로 시설에 격리당한 그는 이후 줄곧 그 나체의 기억을 소중하고 또 소중하게 품고 있었을 것이다. 그리고 일흔이 넘었을 때 그는 그림을 그리기 시작했다. 풍경 같은 다양한 그림과 섞어서 몇 장이나 계속해 같은 구도로, 그는 기억 속의 나체 여성을 그렸다고 한다.

한센병 요양소 안에서는 강제적인 단종이나 중절도 이루어졌기 때문에 아이를 갖는 것은 어려웠지만, 입소자끼리의 결혼은 허용되었다. 그렇기 때문에 그 남성이 거의 여성과 무관한 인생을 보내 왔는지, 아니면 그 나체가 그가 본 '유일한' 여성의 나체였는지는 알 수 없다. 그러나 결혼하려고 해도 상대는 입소자에 한정되었기 때문에 그 나체는 '바깥세상'에서 본 유일한 것이었음은 틀림없을 것이다.

* * *

젊을 때 가끔 보았던 웹사이트가 있다. 어떤 거유(巨乳)* 마니아가 만든 것이다. 관리자가 모은 거유 여성의 화상 데이터베이스가 대량으로 게재되어 있었다.

그는 독신이었고, 나이 든 어머니와 둘이서 살고 있었다. 열렬한 거유 마니아인 그는 여유만 생겼다 하면, 언제나 그런 유

---

* 커다란 유방이라는 뜻.

흥업소에 다녔다. 그리고 거유에 대한 뜨거운 마음을 담담하게 일기에 적었다(당시에는 아직 블로그라는 것이 존재하지 않았다).

그의 일기는 아주 재미있었기 때문에 나는 때때로 생각날 때마다 그 페이지에 접속하여 일기를 읽었다.

어느 날 그 관리자는 자신이 암이라는 것을 일기에 공개했다. 상당히 진행된 말기 암이었다. 그 뒤부터 그 일기는 거유를 좋아하는 마음을 적는 내용에서 암과 싸우는 투병의 기록으로 바뀌었다.

그리고 암이 더 진행되어 정말로 죽음이 다가왔을 때, 그는 새삼스레 거유에 대한 마음을 품고 혼자서 죽어 가는 것에 대해 글을 썼다.

대량의 사진이나 동영상을 모으고 거유 전문 유흥업소에도 발걸음을 옮겼지만, 이제까지 그가 이상적이라고 생각하는 거유는 단 한 번밖에 만나지 못한 듯하다. 그러나 그가 만난 그 유흥업소의 아가씨는 이미 자취를 감추어 두 번 다시 만날 수 없다.

자신의 인생에 더 이상은 아무것도 필요 없지만 꼭 한 번만 다시 그 가슴골에 파묻혀 잠들 수 있다면, 그것만으로 충분하다고, 몇 번이나 적었다.

이윽고 그는 세상을 떠났다. 그 사이트의 핵심 팬들은 공동으로 그 사이트를 유지하자는 글을 적어 놓았다.

지금은 그 사이트도 지워졌다.

* * *

    오키나와에서 노숙자를 지원하는 교회에 가서 이야기를 들은 적이 있다.

    그 교회에는 커다란 기숙사가 있다. 약 100명의 노숙자를 받아들여 지원하고 있는데, 그중 40퍼센트는 내지(오키나와 현 이외) 출신이라고 한다.

    그들은 내지 여러 곳을 방랑하면서 노숙을 하다가 따뜻한 남쪽 섬을 동경하게 되었다고 한다. 그리고 그들 중 몇 명은 오키나와에서 죽기 위해 찾아왔다고 한다.

    따뜻한 남쪽 나라, 예쁜 꽃이 피어 있는 낙원 같은 곳에서 최후를 맞이하기 위해 오키나와로 찾아온 사람들이 있다.

    교회 목사님은 공원에서 실제로 목을 매려고 한 남성 몇몇을 구해 준 적이 있는 듯하다.

    오키나와 사람들에게 그런 행위는 제멋대로 민폐를 끼치는 일일지도 모르지만.

* * *

    10년도 더 지난 일이다. 당시 나와 아내가 살고 있던 아파트 옥상에서 고양이를 산책시키는 것이 일과였다.

어느 여름밤이다. 출장이었는지 술자리였는지는 잊었는데, 내가 집에 없을 때였다. 그날 밤 아내는 혼자 오하기(모란병)와 기나코(콩가루)를 데리고 옥상으로 올라갔다.

아파트 주민은 거의 아무도 옥상을 사용하지 않았다. 등도 켜 있지 않으니까 깜깜했다. 시간은 그렇게 늦지 않은 7시 무렵이었던 것 같다. 아내가 고양이들을 데리고 계단을 올라갔더니, 옥상으로 나가는 출구에 이제껏 본 적 없는 종이 상자가 놓여 있었다. 고양이들은 아랑곳하지 않고 너른 옥상으로 뛰어나갔다. 낯선 커다란 종이 상자에 놀란 그녀는 '뭔가 이상한 것이 들어 있으면 안 되는데' 하고 살며시 상자를 찔러 보았다.

그러자 바스락바스락 소리가 났다. '에크, 어쩌나, 이를 어쩌나…' 하고 당황하고 있는데, 안에서 젊은 여자가 나왔다. 평범했고, 대학생으로 보였고, 수수한 아이 같았다. 차림새도 보통이고 빈손이었다. 그때 고양이가 옥상에 있었으니까, 고양이를 지키려는 생각에 아내는 센 척하고, "여기서 뭐 하는 거니?" 하고 물었다. 상대방도 어쩔 줄 몰라서 대답도 반응도 못했다. 아내도 무서웠기 때문에 여하튼 경찰에 연락하려고 했다. 그래서 휴대 전화를 가지러 일단 계단을 내려와 자기 방으로 돌아왔다. 다시 옥상 위로 올라갔더니, 그 짧은 순간에 여자애는 종이 상자와 함께 사라졌다. 고양이들은 집 안으로 도망치듯 돌아왔다.

＊ ＊ ＊

어느 단지에 사는 부모 자식의 이야기. 아버지는 제대로 된 일을 하지 않고, 빈둥거리며 살고 있었다. 야쿠자 지인이 마련해 준 일자리가 하필이면 우익 가두 선동 차의 운전사였다.

그쪽에 아는 사람은 있었어도 아버지 자신은 그런 세계와 무관했다. 그래도 가두 선동 차량의 운전이라는 일을 맡았으니까, 그는 뽀글뽀글 펀치파마*를 했다. 그럴듯하게 꾸며야 한다는 이유였다.

어느 날, 그가 갑자기 머리를 빡빡 밀었다. 친구가 놀라, "너, 머리가 왜 그 모양이냐?" 하고 물었다.

초등학생 아들 때문인 듯했다. 아버지가 우익 가두 선동 차의 운전사라는 것은 별 상관없지만, 펀치파마만은 용서할 수 없다. 우리 아버지가 펀치파마를 하다니, 그것만은 참을 수 없다. 이런 말을 한 듯하다.

아들의 이야기를 들은 아버지는 곧장 펀치파마를 한 머리를 빡빡 밀었다.

얼마 뒤에 가두 선동 차의 운전 일도 그만두었다.

---

* 곱슬곱슬하게 작은 컬을 넣어 파마한 머리 모양. 일본에서는 보통 '펀치'라고 줄여 말한다.

***

옛날에 있었던 일. 젊을 때 친구였던 여자애가 있었다. 그녀의 남자친구도 내 친구였다. 어느 날 밤 그녀는 혼자서 우리 집에 찾아와 긴 이야기를 했다. 남자친구가 자신에게 냉혹하게 굴었다고 한다.

어느 날 그녀는 임신했다. 그래서 어떻게 했느냐고 물으니까 중절했다고 대답했다. "그랬어? 그놈, 하다못해 돈이라도 댄 거야?", "아니. 그 사람은 몰라.", "뭐라고? 무슨 일이야?", "그 사람한테는 임신이니 중절이니, 말하지 않았어.", "아니, 왜 그랬어?", "왜 그랬겠어? 그런 말하면 버림받을 테니까 그렇지."

차마 못할 짓만 하는 남자에게 버림받고 싶지 않아서 그녀는 남자친구에게 말조차 하지 않고, 혼자서 중절을 했다. 물론 수술 비용도 자신이 저금한 돈에서 지출했다. 그리고 그 뒤에도 아무 일 없었던 것처럼 그 남자친구와 사귀었다.

난 남성이니까, 내가 사귀는 여자친구가 나 모르게 내 아이를 떼어 내고, 그리고 난 그 사실조차 모른다는 것이 과연 어떤 일인지 생각해 보았다.

지금의 나는 그럴 걱정이 없다는 것을 잘 알고 있지만.

***

　몇 년 전, 이른 아침에, 아내와 함께 집 근처를 산책했다. 집은 오사카 시내에 있기 때문에 조금만 걸으면 금세 번화가가 나온다. 그날 스낵이나 러브호텔이 늘어서 있는 곳을 걷고 있었는데, 어느 러브호텔 앞, 나무를 빽빽하게 심은 곳 안쪽에 피투성이가 된 양복을 입은 젊은 남성이 엎드려 자고 있었다. 그리고 그 옆에 아저씨 한 사람이 멍하니 우뚝 서 있었다.

　난 그 아저씨에게 말을 걸었다. "어떻게 된 겁니까? 이러다 죽겠어요. 구급차는 불렀어요?", "아니, 부르지 않았어." "안 부르면 어떻게 해요? 빨리 불러요." "아니야, 필요 없어." "필요 없다니요? 그럼 내가 부를게요."

　구급차를 기다리는 동안 엎드려 있던 남자의 발치에 비즈니스맨 냄새를 풍기는 커다란 가죽 가방이 놓여 있었다. 나는 아저씨에게 "이거, 아저씨 가방인가요?" 하고 물어보니까 그는 "내 것 아니야" 하고 대답했다.

　구급차가 와서 피투성이로 나무 사이에 잠들어 있던 남자를 들것에 실어 차에 태웠다. 그때 나는 구급 대원에게 "이 가방, 이 사람 것인가 봐요" 하고 말했다. 그때 아저씨는 다급한 듯 그 가방을 가로채 꼭 안았다. "무슨 짓이에요? 그 가방, 아저씨 것이 아니잖아요?" 했더니 아저씨는 갑자기 "에잇 얍?" 하며 나를 때리려고 했다.

아닌 밤중에 홍두깨 같은 일에 놀라서 "이 자식, 무슨 짓이야?" 하고 소리쳤다. 그러자 구급 대원이 질렸다는 표정을 지으며, "자, 자, 그만두시고" 하면서 말렸다. 아저씨는 가방을 안은 채 남자와 함께 구급차에 올라탔다.

* * *

오사카 남쪽 변두리에 아비코(我孫子)라는 자그마한 동네가 있다. 산책 도중에 그곳 다방에서 아내와 커피를 마시고 있었다. 60대쯤 되어 보이는 아저씨가 들어와 자리에 앉았다.

그 아저씨는 머리숱이 적고 뒷머리를 쳐올린 머리카락에 트리트먼트를 듬뿍 발라 올백으로 넘겼다. 라이방(Ray-Ban)의 밀러 선글라스를 끼고, 라이더 가죽 재킷을 입고, 검은 가죽 바지에 검은 엔지니어 부츠를 신고 있었다.

아저씨는 자리에 앉더니, 휴대 전화를 향해 무언가 줄곧 떠들고 있었다. 아저씨가 떠들었던 말은 대개 '아하?', '오 예', '아이 미스 유', '아이 러브 유' 네 가지뿐이었다. 이 말을 순서를 바꾸어 가며 반복해서 말했다.

아내와 나는 그 모습을 보면서 휴대 전화 저편에는 아무도 없을 것이라고 이야기했다. 오사카의 한구석, 작은 동네, 아담한

228

싸구려 다방에서, 와일드하고 멋진 차림의 아저씨가 외국인 여자친구와 무언가를 이야기하고 있는 장면을 연출하고 있었다.

* * *

내 친구의 아내는 무척 감정적인 여성이라서 부부 싸움을 하면 언제나 집 안의 물건을 부순다고 한다. 한번은 그가 일할 때 쓰는 메인 컴퓨터를 내던져 부서뜨린 적도 있었다.

그날도 격렬한 부부 싸움 끝에, 그는 노트북 컴퓨터를 품에 안고 집을 뛰쳐나왔다. 얼마간 패밀리레스토랑에서 일을 하고, 몇 시간 뒤에 집으로 돌아갔다. 그랬더니 집이 있는 방향에서 흰 연기가 한 줄기 올라오고 있었고, 무언가를 태우는 자극적인 냄새가 코를 찔렀다.

집 안에 들어서니 아내는 그의 장서 2000권을 전부 마당에 쌓아 놓고는 등유를 붓고 태우고 있었다고 한다. 그 옆에서는 아무것도 모르는 세 살배기 아들이 즐거운 듯 뛰어다니고 있었다. 캠프파이어처럼 보였을 것이다.

"무슨 짓을 하는 거야?" 그가 큰소리로 묻자, 그녀는 아들의 손을 붙잡고 차에 올라탔다. 그리고 어디로 가는지 말도 없이 그대로 쌩 떠나 버렸다.

놀랍게도 어디로 가는지 알리지도 않고 떠나 버린 아내의 자동차를 그는 자기 힘으로, 거의 감으로 찾아냈다. 그러나 차 안에는 아무도 타고 있지 않았다.

그는 나아가 그녀의 행동을 예측했다. 친정이 있는 곳이나 그밖에 여러 곳을 짚어 보고는 틀림없이 그녀가 신칸센을 타고 후쿠오카로 갔을 것이라고 추측했다. 그렇게 확신한 그는 신칸센 역까지 달려갔다.

그런데 문제가 하나 있었다. 그는 중증의 폐소공포증이었다. 그는 비행기도 신칸센도 탈 수 없었다. 도쿄로 출장 갈 때에는 버스와 완행열차를 번갈아 타고 갔다. 그런 탈것 정도를 겨우 탈 수 있었다.

신칸센을 타기 전에 그는 매점에서 소주 한 병을 사서 단번에 털어 넣었다. 그렇게 술에 취해도 아직 불안했던 그는 포르노 잡지를 한 권 샀다. 그는 만취한 시뻘건 얼굴로 포르노 잡지를 손에 움켜쥐고, 신칸센에 올랐다.

그렇게 해서 후쿠오카 역에 도착했더니 거기에 아들을 데리고 아내가 서 있었다. 그 자리에서 둘은 엉엉 울면서 화해했다.

죽음을 각오하는 심정으로 신칸센을 타고 있는 동안, 그가 어떻게든 밀폐된 공간을 참아 낼 수 있었던 것은 포르노 잡지 한가운데에 봉철*이 있었기 때문이다. 정신적인 공황 상태를 더

---

* 종이를 반으로 접어 접히지 않은 쪽을 철하는 동양식 제책법(製冊法).

이상 참을 수 없어서 고함을 지를 것 같을 때, 봉철을 뜯어 펼쳐 볼 작정이었다. 그렇게 그는 신칸센 안에서 몇 시간의 감금을 견뎌 낼 수 있었다.

사족으로 "그거, 어떤 페이지였어?" 하고 물으니까, 그는 파이판* 특집이었다고 말했다.

지금은 가족 셋이서 사이좋게 살고 있다.

---

* 여성이나 남성의 음부에 털이 없거나 또는 그런 사람.

　　　　　　지금 세계에서는 점점 관용이나 다양성이
사라지고 있습니다. 우리 사회도 점점 더 배타적이고 편협하고
숨이 막히는 곳이 되어 갑니다. 이 사회는 실패나 불행이나 남
과 다른 것을 허용하지 않는 사회입니다. 우리는 실패할 수도
없고, 불행한 것도 허용되지 않습니다. 언제나 미래 지향적으
로, 자기 혼자 힘으로, 누구에게도 기대지 않고 살아가라는 압
력을 받고 있습니다.

　우리는 억지로 강요받은 근소한 선택지 가운데 몇 가지를 선
택할 뿐인데, 스스로 그것을 선택했으니까 스스로 책임을 지라
는 말을 듣습니다. 이래서는 무척이나 살기 힘든 사회라고 생각
합니다.

　이럴 때에 예를 들어, 사이좋은 친구의 존재는 매우 힘이 됩
니다. 하지만 지금은 친구를 사귀는 것이 매우 어려워졌습니
다. 이상하게도 이 사회에서는 남을 존중한다는 것과 남과 거리
를 두는 것이 하나가 되어 있습니다. 누군가 다른 사람을 소중
하게 여기려고 할 때 우선 무엇을 하느냐 하면, 그냥 내버려 두

고, 방치하고, 거리를 두는 일을 하고 맙니다.

이것은 대단히 기묘한 일입니다. 남을 이해하는 것도, 자기가 이해받는 것도 포기한다는 것이 서로를 존중하는 일인 것처럼 이야기합니다.

그러나 한편으로 남을 안이하게 이해하려고 하는 것은 분명 구둣발로 다른 사람 안에 성큼 들어가는 것이기도 합니다.

처음부터 우리는 본래 매우 고독한 존재입니다. 말로 하면 너무 당연한 말이지만, 그럼에도 내게는 어릴 적부터 커다란 수수께끼였습니다. 우리는 이렇게 많은 사람에게 둘러싸여 살아가고 있는데도 뇌 속에서는 누구나 혼자입니다.

하나는 우리는 태어나면서부터 아주 고독하다는 것. 또 하나는 그렇기 때문에 좀 더 얼굴을 맞대고 이야기하면 좋지 않을까 하는 것. 이런 생각을 느긋하게 궁굴리는 사이에 이 책이 만들어졌습니다.

요령부득인데다 똑 떨어지는 답도 없는 흐리터분한 책이지만, 읽어 주시면 좋겠습니다.

처음 실린 곳

- 머리말 — 분석 안 되는 것들
「分析されざるものたち」,『新潮』, 2013年 6月 号(新潮社)를 수정.
- 누구에게도 숨겨 놓지 않았지만, 누구의 눈에도 보이지 않는 것
「世界の斷片を集めること—社会学的「反物語」論」,『新潮』, 2013年 8月
号(新潮社)를 수정.
- 평범하고자 하는 의지
『早稲田文学』, 2014年 겨울 호(早稲田文学)를 수정.
- 축제와 망설임
「Review of the Previous Issue 祝祭と内省—小川さやかとヤン・ヨンヒの
作品における「他者」」,『atプラス』 23号(太田出版)를 수정, 가필.
- 손바닥의 스위치/자신을 내밀다/시계를 버리고 개와 약속하다/이야
기의 조각
새로 집필.

그 밖의 글은 웹사이트 〈아사히출판사 제2편집부 블로그(asahi2nd.
blogspot.kr)〉에 연재(2013년 12월~2014년 12월).

단편적인 것의
사회학

초판 1쇄 발행 2016년 10월 5일 **초판 7쇄 발행** 2021년 12월 23일

지은이 기시 마사히코
옮긴이 김경원
펴낸이 이승현

편집2 본부장 박태근
지적인 독자 팀장 송두나
디자인 스튜디오 모브

펴낸곳 ㈜위즈덤하우스 **출판등록** 2000년 5월 23일 제13-1071호
주소 서울특별시 마포구 양화로 19 합정오피스빌딩 17층
전화 02) 2179-5600 **홈페이지** www.wisdomhouse.co.kr

ISBN 979-11-86940-14-3 03330